[美国]罗伯特·J. 阿利森 著　石晓燕 译

美国革命

牛津通识读本·

The American Revolution

A Very Short Introduction

译林出版社

图书在版编目（CIP）数据

美国革命／（美）罗伯特·J. 阿利森（Robert J. Allison）著；石晓燕译. —南京：译林出版社，2022.7
（牛津通识读本）
书名原文：The American Revolution: A Very Short Introduction
ISBN 978-7-5447-9156-4

Ⅰ.①美… Ⅱ.①罗… ②石… Ⅲ.①美国独立战争－史料 Ⅳ.①K712.41

中国版本图书馆 CIP 数据核字（2022）第 077212号

美国革命　[美国] 罗伯特·J. 阿利森 /著　石晓燕 /译

责任编辑　陈　锐
装帧设计　景秋萍
校　　对　王　敏
责任印制　董　虎

原文出版　Oxford University Press, 2015
出版发行　译林出版社
地　　址　南京市湖南路 1 号 A 楼
邮　　箱　yilin@yilin.com
网　　址　www.yilin.com
市场热线　025-86633278
排　　版　南京展望文化发展有限公司
印　　刷　江苏扬中印刷有限公司
开　　本　890 毫米 ×1260 毫米　1/32
印　　张　9.375
插　　页　4
版　　次　2022 年 7 月第 1 版
印　　次　2022 年 7 月第 1 次印刷
书　　号　ISBN 978-7-5447-9156-4
定　　价　39.00 元

序 言

盛 嘉

美国革命是美国历史上最为重大的一个历史事件。在地处世界边缘地带的北美殖民地，当时英帝国内部的一系列抗税冲突，何以演变成了一场罕见的政治与社会革命？这场革命不仅导致了世界上一个新的民族国家的形成，建立了一个迄今为止持续最长久的共和政体，而且还影响了随后世界历史的进程与格局。然而，不论是在这场革命发生的18世纪，还是在之后相当长的一段历史时期，它都是一场被严重低估了的革命，许多人甚至觉得它是一场不可思议的革命。

美国革命是由四个相互关联的历史运动构成的，即反叛抗税、独立战争、宪政建国和共和社会建构。如果沿着这场革命自身的历史脉络来考察这场革命，人们就会发现，在革命的每一个关键阶段，都充满着不确定性和不可预测性，甚至险象环生，可谓是一场命运坎坷、跌宕起伏的脆弱革命。

美国革命的一个重要历史背景是，它发生在欧洲启蒙运动的高峰期。作为英帝国的一个殖民地，以及大西洋贸易经济圈的一部分，启蒙运动的风气自然也吹到了北美。当时英国的政治家埃德蒙·柏克就注意到，欧洲出版的有关人文和政治的书籍，在北美殖民地拥有一批热心认真的读者群体。他们知识的渊博和思想的庞杂与当时欧洲的学儒和政治人物相比，一点也不逊色。在托马斯·杰斐逊的私人图书馆里就可以见到许多启蒙运动的经典文本。他后来起草的美国《独立宣言》不仅是美国革命的重要文献，也是18世纪启蒙运动的一个独特文本。

从全球史的视域和时间的连续性上看，美国革命是18世纪启蒙运动在北美的一个政治与社会实验。在与英国君主制切割，清除与君主制相关的世袭制、等级制以及各种传统权力的依附关系，选举建立一个自治的共和政府，建构一个具有美国自身特质的共和文化的过程中，美国革命的领导阶层都体现出了自觉改变生存状况的意识和务实的政治实践精神。在他们眼里，这是一场富有使命感的、史无前例的共和实验。

美国革命的领导阶层是18世纪北美的一个特殊的、多元复杂的群体。尽管他们反对英国的君主制，但对英国绅士的品位、风格和名誉情有独钟。与英国的世袭贵族不同，他们把自己视为“天然的贵族”，其中以是否接受人文主义的博雅教育作为一个重要标志。革命前，北美殖民地有近十所各类大学和学院。他们当中的许多重要人物，如托马斯·杰斐逊、约翰·亚当斯、詹姆斯·麦迪逊、亚历山大·汉密尔顿等，均是家族中第一代上大学的人。还有些人是在欧洲读完大学后，返回殖民地参加革命的。他们既有令人赞佩的勇气与智慧，也有人性的弱点和诉求。尽管他们都有在各个殖民地从政的经历，后来又汇聚在联邦的层面，但他们不是职业革命者，大多都有自己的职业和谋生之道。他们投身政治，却不眷恋权位。享有崇高威望的华盛顿，他对自己庄园的执着惦念，远胜于对总统职位的迷恋。这是作为一场实验的美国革命得以存续和成功的一个重要背景。

由于革命在本质上是对是人性的改造与检验，美国革命领导阶层的一些人觉得，政治上的分歧和反对派的存在是人类在自由状态下的必然产物，没有什么值得大惊小怪和害怕的。面对人类的福祉和民族国家的整体利益，任何政治上的分歧都是可以容忍的，任何问题都是可以讨论的。坚持原则和适时妥协是现代政治的素质和智慧。革命的每一阶段都充满争议，对所遇到的每一个关键性的问题都有不同声音和主张。美国宪法之父麦迪逊为此写道："自由之于党争，正如空气之于火，离开了它，火就会立刻熄灭，压制派系纷争只能损害自由本身……只要人的理性继续犯错误，只要他有权运用理性，多种声音和意见分歧就一定继续存在，相应地，政府中就会存有党派。"这种政治的洞察和罕见的坦然，是美国革命"党争论"产生的关键背景，也体现了一种现代共和政治的理性。《联邦党人文集》是人性知识和政治学相结合的启蒙文本，是美国革命对现代政治学的一个具有特殊价值的贡献。

早期的反叛抗税运动和争取独立的战争，只是这场革命的部分内容和阶段性目标，而制宪则贯穿革命的始终。早在《独立宣言》发表之前的1775年，约翰·亚当斯就呼吁，制宪是实现真正独立的关键。革命伊始，各个殖民地就出现了修改旧宪章和制定新宪法的狂潮。制宪与独立战争是承载美国革命前行的两翼。这场革命的制宪是一个由下而上、从局部到整体的过程。宪政革命的一个重要标志则是实际代表制的形成。从早期的

“无代表不征税”的反叛运动，到后来实际代表制在乡镇、州和联邦各个层面上的实施，体现了美国革命的一贯连续性。它是下层民众的参与、中间阶层的抗争与上层精英阶层妥协的共同结果。这是判断一场革命是否成功的最基本的标准。

革命的最大困境历来是如何在一个新建立的政治体中保护个人自由和各项基本权利的问题。美国革命的一位重要领导人物本杰明·拉什就坚持，“革命的重头戏是建立和完善一种保护个人自由的制度”。联邦政府按宪法程序建立起来的首个国会立法，竟然是限制政府自身权力和保护公民的《权利法案》。《联邦宪法》是对权力的创造与分隔，《权利法案》则是对新创造的权力进行限制。正是在这个基本层面上，美国革命的第一代领导阶层通过宪政的制度安排，理顺了政府权力与民众权利之间的关系。这不仅在当时许多人的眼里是匪夷所思的，而且也令后来曾被一些人视为革命范例的法国革命和俄国革命望尘莫及。对政治程序的尊重、对公共领域的培育、对宪法权威的维护、对个人基本权利的保护，这些其实是美国共和政体能够延续两百多年的几个关键性因素。

美国革命的历史经验显示，共和政体的一个核心特征就是维护一个“自由得以呈现的空间”，它类似于现代政治学和社会学者所称的“社会公共领域”。美国革命所涉及的自由至少有四个重要维度，它们是政治自由、公民自由、经济自由和个人自由。其中每一项自由都依赖于良性的社会公共领域的存在。一个社会的共和政体的创建与巩固不是靠暴力压制，也不是停留在纸上的宪法条款，更不是冠冕堂皇的标语口号，而是依赖于一种平等、自由并具有社会道德的公民社会的存在。共和政治文化不是随着宪法的颁布就能骤然降临的。它是一个漫长的启蒙过程，它是由全新的共和制度的建构、维护公民自由的法律实施、司法体系的独立与公平、社会各个阶层（特别是权力阶层）对宪法权威的敬畏、公民社会美德的培养和提倡、对多元文化的容忍等共同发酵的结果。在这些方面，美国革命既有可贵的经验，也有惨痛的教训。

作为一场以追求自由为目的的革命，美国革命既有很高的道德诉求，又陷入当时令人遗憾的道德困境。比如：追求社会人人自由，却没能废除奴隶制；提倡生而平等，但妇女并没有获得选举权；建构共和社会，却给印第安人带来了厄运。这些都说明，美国革命也是一场“未完成的革命”。它的历史局限性和所面临的政治与社会困境，使得美国革命本身以及关于这场革命历史叙事的建构，既饱受批评与指责，同时又导致了美国革命的历史研究成为一个持续不衰的显学。

在这本《美国革命》小册子中，罗伯特 · J. 阿利森顺着革命自身的历史脉络，采取时序和历史事件点面结合的叙事方式，简洁明快地介绍了美国革命的历史过程。他的语言生动流畅，通俗易懂。石晓燕的中译文贴切自然。这是一个帮助中国读者了解美国革命的有价值的入门文本，希望它能够引起更多中国读者对美国革命的关注。

献给马修和苏珊·加尔布雷斯

目 录

美国革命年表

1754年	
6月19日	奥尔巴尼会议
7月3日	华盛顿败于尼塞西蒂要塞
1755年	
7月9日	布拉多克败于宾夕法尼亚
1759年	
9月13日	英国人夺得魁北克
1760年	
9月8日	英军占领蒙特利尔
1761年	《协助令状》案
1763年	《巴黎条约》
	英国政府禁止在阿利根尼以西开拓定居
	庞蒂克叛乱
1764年	议会通过《糖税法》

1765年

3月22日　议会通过《印花税法》

8月14日和26日　波士顿爆发印花税暴乱

iii 10月7—25日　在纽约召开反对《印花税法》大会

1766年

3月17日　议会废除《印花税法》

1767年

6月29日　汤森德系列税法对英国商品施加新关税

1768年

6月10日　约翰·汉考克的船只"自由"号因未缴税而遭扣押

11月1日　英军抵达波士顿

1770年

1月19—20日　"自由之子"和英国士兵在曼哈顿戈登山发生冲突

3月5日　波士顿惨案

4月12日　议会废除了除茶叶外的所有汤森德税

1771年

5月16日　殖民地统治者于阿拉曼斯战役被击败

1772年

6月9日　"加斯皮"号被焚烧

1773年

4月27日　议会通过《茶叶税法》

12月16日　波士顿倾茶事件

1774年

3月31日　议会关闭波士顿港

5月20日　英国国王同意暂时关停马萨诸塞政府

6月22日　《魁北克法》

9月5日—10月16日　第一次大陆会议在费城召开

9月17日　会议通过《沙福克决议》 iv

1775年

2月9日　英国国王宣布马萨诸塞反叛

4月19日　莱克星顿和康科德战役

5月　伊森·艾伦和本尼迪克特·阿诺德攻占提康德罗加要塞，大陆会议在费城再度召开

6月17日　邦克山战役

7月3日　华盛顿接管大陆军

11月7日　邓莫尔勋爵向反抗作乱奴隶主的奴隶们授予自由

1776年

1月1日　邓莫尔勋爵烧毁诺福克

1月10日　托马斯·潘恩发表《常识》

2月27日　莫里斯溪桥战役

3月17日　英军撤离波士顿

6月4—28日　克林顿未能攻下南卡罗来纳的查尔斯顿

7月2日　会议决定独立

7月4日　会议通过《独立宣言》

8月27日	长岛战役
9月11日	斯塔顿岛和议；富兰克林、亚当斯和爱德华·拉特利奇会见海军上将豪
9月15日	英军登陆曼哈顿
9月20—21日	纽约大火
10月28日	白原战役；美军舰队在尚普兰湖被击败
11月16日	英国攻占华盛顿要塞
11月20日	英国攻占李要塞
12月26日	特伦顿战役
1777年	
1月3日	普林斯顿战役
7月5日	伯戈因攻占提康德罗加
8月16日	本宁顿战役
9月11日	布兰迪万战役
9月26日	英军占领费城
10月4日	日耳曼敦战役
10月17日	伯戈因在萨拉托加投降
1777—1778年冬	华盛顿和他的军队在福吉谷
1778年	
2月6日	法国承认美国独立
4月	法国舰队驶向美国
4月23日	约翰·保罗·琼斯攻打大不列颠群岛
6月18日	英军撤离费城
6月28日	蒙茅斯战役
8月29日	美军和法军未能拿下纽波特

9月23日	“好人理查德”号对决“塞拉皮斯”号
12月29日	英军占领萨凡纳
1779年	
2月25日	美军占领文森
6月4日	弗吉尼亚立法机构考虑并否决了《宗教自由法令》
6月16日	西班牙对英国宣战
10月28日	法军和美军结束了对萨凡纳不成功的围攻
1780年	
3月14日	西班牙占领莫比尔
5月12日	查尔斯顿向英军投降
7月11日	法国军队和舰队抵达纽波特
8月16日	卡姆登战役（南卡罗来纳）
9月23日	发现本尼迪克特·阿诺德叛国
10月7日	国王山战役
12月20日	英国对荷兰宣战
1781年	
1月5日	阿诺德占领里士满
1月17日	考彭斯战役
3月15日	吉尔福德法院战役
5月9日	西班牙占领彭萨科拉
8月4日	康沃利斯占领约克镇
9月5—9日	法军于切萨皮克湾击败英国舰队
10月19日	康沃利斯在约克镇投降

1782年

11月30日　签订停战协议

1783年

3月15日　华盛顿平定纽堡叛乱

6月21日　宾夕法尼亚兵变

7月8日　马萨诸塞陪审团判定奴隶制违背了州宪法

9月3日　《巴黎条约》正式签订，终战

10月7日　弗吉尼亚解放了参战的奴隶

11月25日　英军撤离纽约

12月23日　华盛顿辞去职务

1784年

1785年

1786年

1月16日　弗吉尼亚州通过了《宗教自由法令》

8月29日　起义的马萨诸塞州农民推翻了法院

9月11—14日　安纳波利斯会议提议修改《邦联条例》

1787年

1月25日　马萨诸塞州的谢斯起义被平定

vii 5月25日—9月17日　联邦会议起草了新宪法

7月13日　国会通过《西北地域法令》

12月7日　特拉华州通过《联邦宪法》

12月12日　宾夕法尼亚州通过《联邦宪法》

12月18日　新泽西州通过《联邦宪法》

1788年

1月2日	佐治亚州通过《联邦宪法》
1月9日	康涅狄格州通过《联邦宪法》
2月6日	马萨诸塞州通过《联邦宪法》，并提出修正案
4月28日	马里兰州通过《联邦宪法》，并提出修正案
5月23日	南卡罗来纳州通过《联邦宪法》，并提出修正案
6月21日	新罕布什尔州通过《联邦宪法》
6月25日	弗吉尼亚州勉强通过《联邦宪法》，并提出修正案
6月26日	纽约州通过《联邦宪法》；美国船只在哥伦比亚河与中国之间建立起贸易往来

1789年

2月4日	乔治·华盛顿当选总统，约翰·亚当斯当选副总统
3月4日	新美国国会在纽约召开
4月30日	华盛顿就任总统
9月25日	国会批准宪法修正案(《权利法案》)
11月21日	曾否决1788年《联邦宪法》的北卡罗来纳州通过《联邦宪法》

1790年

5月29日	曾否决1788年《联邦宪法》的罗得岛州通过《联邦宪法》

10月　　印第安部落迈阿密族、萧尼族和特拉华族在莫米河击败美军

1791年

2月25日　　华盛顿签发创建美国国民银行的法令

3月3日　　国会批准威士忌酒税

3月4日　　佛蒙特州加入联邦

11月4日　　迈阿密联盟在沃巴什河击败美军

12月15日　　《权利法案》获批

1792年

6月1日　　肯塔基州加入联邦

1793年　　伊莱·惠特尼发明轧棉机

4月22日　　华盛顿总统宣布美国对英法战争保持中立

1794年

3月27日　　国会授权建造护卫舰以保护美国船只抵御北非诸国

7—8月　　威士忌起义

8月20日　　美军在伐木战役中击败迈阿密族和其他印第安部落

11月19日　　美国和英国签订条约

1796年

6月1日　　田纳西州加入联邦；华盛顿宣布不再寻求总统连任

12月7日　　约翰·亚当斯当选总统，托马斯·杰斐逊当选副总统

1797年	
10月18日	法国官员向美国外交官索贿
1797—1800年	与法国交战
1798年	美国进行首次前往日本的贸易航行；美国船只抵达阿拉伯半岛
7月14日	国会通过《惩治叛乱法》
1799年	
12月14日	乔治·华盛顿去世
1801年	托马斯·杰斐逊当选总统
1801—1805年	的黎波里战争
1803年	美国从法国手中购买了路易斯安那州
1807年	
6月22日	英国战舰“美洲豹”号在弗吉尼亚海域攻击美国军舰“切萨皮克”号
1808年	
1月1日	美国禁止跨大西洋奴隶贸易；禁运关闭美国港口
1811年	
11月7日	美军于蒂珀卡努河击败印第安部落萧尼族
1812年	
6月18日	美国对英国宣战
8月16日	底特律对英国和印第安军队投降
8月19日	美国军舰“宪法”号击败英国军舰“格里尔”号

1813年

x 10月5日　泰晤士之战，萧尼族酋长特库姆塞被杀

1814年

3月27日　美军、切罗基族和乔克托族军队在亚拉巴马州蹄铁湾击败克里克族

12月24日　美国和英国代表在比利时根特市达成和平条约

1815年

1月8日　新奥尔良战役

1824年

8月15日　拉斐特作为国宾来到美国

1825年

6月16日　邦克山纪念碑奠基仪式

1826年

xi 7月4日　托马斯·杰斐逊和约翰·亚当斯去世

前言

“我们的革命历史将会是一番彻头彻尾的谎言，”约翰·亚当斯预言，“整个历史的精华在于，富兰克林博士用他的电棒击打大地，唤出了华盛顿将军，他被富兰克林用电棒赐予了力量——从此他们二人实施了所有的政策、谈判、立法和战争。”

亚当斯之所以表示反对，部分是因为这充满想象的复述把他给忽略了。但它同时也忽略了其他很多细节，例如起因和结果。是什么引起了革命？政治压迫？经济困境？议会降低了美国人的赋税，使得他们逐渐比英国人更加富有；尽管殖民地的暴乱四处蔓延，但英国政府在18世纪60和70年代真正逮捕的只是几个英国士兵，他们开枪打死了抗议的美国民众。美国人对征税和英国政府的抗议，催生了一个新型的政治体系，在其中，是多数派执政，但个人拥有自由。

当男人和女人们开始通过动员邻居和公共舆论来捍卫自由的时候，在多数派执政的体系中保护个体权利的故事就在这场革命中开始了。如果这一切不仅是凭富兰克林的电棒以及被电

棒赋予力量的华盛顿来实现的，那么为了理解这一体系是如何产生的，我们就必须仔细探究“政策、谈判、立法和战争”，以及
xiii 引爆这场革命的众人们。

致　谢

借着这本书介绍美国革命，我非常感谢那些将我带入这个事件的人们。我的母亲，她非常讨厌历史，却带我参观了位于莫里斯镇华盛顿的指挥部；透过一扇窗户，我匆匆瞥见一顶白色假发和一套大陆军制服，如一个神秘人物从华盛顿的桌前升起，然后消失不见。从那时起，我一直追随着这难以捉摸的幻影，我要感谢新泽西、马萨诸塞以及西部和南部各地许多很好的公园管理员，是他们让我们更加亲近。

我已故的朋友麦克·贝尔将提康德罗加要塞和南波士顿、罗克斯伯里及多切斯特联系起来；他的记忆也因他大胆重新构想出的这些事件而让我珍惜。我非常感谢他，也同样感谢伯纳德·贝林、罗伯特·贝林杰、约翰·卡瓦纳、戴维·哈克特·费舍尔、威廉·福勒、罗伯特·格罗斯、罗伯特·霍尔、苏珊·莱弗利、波林·迈尔、路易斯·马舒尔、约瑟夫·麦卡锡、德鲁·麦考伊、约瑟夫·麦埃特里克（感谢他让我在波士顿惨案审判中既是陪审员，又是被告）、盖里·纳什、约翰·泰勒、泰德·威德默和麦特·怀尔丁。

波士顿国家历史公园、波士顿人协会、老南礼拜堂、亚当斯国家历史遗址、费城共济会大教堂、马萨诸塞州档案馆、保罗·里维尔故居、雪莉·尤斯蒂斯故居、塞勒姆图书馆、Exploritas，
xv 以及分布在马萨诸塞、伊利诺伊和田纳西各地的教师研讨会（隶属“教授美国历史项目”、第一手来源、拓展训练/远征式学习），使我能够将这个故事分享给参与的观众们，他们的问题和挑战帮助我进行思考。萨福克大学及哈佛进修学校里研究美国史、本杰明·富兰克林及波士顿历史的学生们也用他们的提问、评价和自己的研究，丰富了我的理解。

我同时感谢马萨诸塞历史协会的彼得·德鲁米、安妮·宾利和伊莱恩·西维对我的全部帮助，还要特别感谢马萨诸塞州档案馆的迈克尔·科莫。同时，萨福克大学系主任肯尼思·S.格林伯格和哈佛进修学校的系主任迈克尔·希纳格尔也十分热情地在学术和教学方面为我提供了支持。

牛津大学出版社的苏珊·费伯一直耐心地引导着这本书问世，书里的每一页都体现出她的判断力和慧眼。最要感谢的是我的太太菲利斯，还有儿子约翰·罗伯特和菲利普。愿他们能像当年我透过莫里斯镇的窗户瞥见白色假发和红蓝相间外套幻影时一样，被这本书所吸引。

罗伯特·J. 阿利森

马萨诸塞州波士顿

xvi 2014年12月

第一章

革命的起源

对于一个生活在18世纪50年代的英国政策制定者来说，“殖民地”通常是指巴巴多斯或牙买加、西印度群岛上重要的蔗糖生产岛屿，或者指印度的富庶省份，那里的政府和金融均被东印度公司牢牢控制。如果他把目光投向北美，他将不会重点关注马萨诸塞、弗吉尼亚或宾夕法尼亚这些地方，而会更加重视绵绵山脉背后那片广袤的内陆土地，即俄亥俄河和密西西比河流域。尽管易洛魁族、迈阿密族、萧尼族、切罗基族以及其他北美印第安部落拥有这片土地，但英国国王依然宣布将它赠予北美各殖民地所有。到了18世纪50年代，法国人也加入进来，从加拿大穿过五大湖，并沿着路易斯安那顺密西西比河而上，同当地印第安人交易皮毛，签订条约。从魁北克到新奥尔良，法国人控制了北美的内陆地区，在底特律、文森和圣路易斯建立了要塞及交易站。英国控制了印度，但即将失去北美。

即使不像牙买加或印度那样有利可图，英国控制下的北美地区对蔗糖经济依然十分关键。大西洋沿岸的殖民地在英国政策下依然蓬勃发展起来。宗教反对者们从17世纪开始开拓这些新英格兰殖民地——马萨诸塞、新罕布什尔、罗得岛、康涅狄格。
1 他们通过贸易得以成功，把新英格兰的森林变成船只和装满英帝国货物的木桶，以及用新英格兰沿岸捕捉上来的鳕鱼供给西印度群岛做苦力的奴隶们。波士顿和纽波特成为十分繁忙的港口。在文化上同源的新英格兰人，比任何远在英帝国的人更有能力管理自己。1688年，他们断然拒绝了英国要重组他们政府的企图，并戒备地保卫当地武装力量。

英国人于1664年从荷兰人手中得到了纽约，但保留了它的商贸体系：与易洛魁人做生意，他们是北美最有势力的印第安部落，由一个拥有土地的领袖掌权。位于曼哈顿岛南端的纽约市以及哈德孙河上游的奥尔巴尼，是最重要的交易中心。但是，纽约的控制权深入到了新泽西，那里的农田供养着曼哈顿、新不伦瑞克和伊丽莎白的居民。纽约还宣布在哈德孙河、尚普兰湖及康涅狄格河之间的所有土地，甚至长岛海峡两岸的土地都是自己的。新英格兰人并不承认纽约的帝国梦。

宾夕法尼亚由贵格会教徒于17世纪80年代建立，在文化上包括了特拉华的三个县，以及特拉华河东岸新泽西的大片区域。由于决心公平对待当地印第安人，宾夕法尼亚的商人们反对纽约只和易洛魁族做交易，实行垄断，所以他们转而和被易洛魁族视作本族从属的塔斯卡洛拉族及德拉瓦族做生意。更肥沃的土壤和更温和的气候，使得宾夕法尼亚成为比新英格兰更好的种植区；更公平的土地分配，也使得它比纽约或再往南的殖民地更有诱惑力。费城到了1750年已成为北美第二繁忙的港口，它向巴巴多斯和牙买加的劳动力输送粮食，让英国、德国和苏格兰-

爱尔兰移民成了宾夕法尼亚的独立农场主。

早在17世纪就建立的弗吉尼亚和马里兰的切萨皮克殖民 2
地，到了18世纪中期已形成了成熟的种植园社会。大农场使用奴隶来种植烟草，销往世界各地。弗吉尼亚——拥有五十万人口——是北美大陆面积最大和人口最多的殖民地；每六个美国人中就有一个住在弗吉尼亚，而每五个弗吉尼亚人中就有两个是奴隶。烟草的种植消耗了所有潮水区域的土壤；烟草种植者们把目光投向内陆，越过山脉，寻找更多的土地来种植和销售。

北卡罗来纳的沿岸城镇——新伯尔尼和伊登顿——是烟草业上流社会的交易中心，很像切萨皮克的港口。但是，苏格兰-爱尔兰和德国移民迅速向北卡罗来纳内陆地区移居，从宾夕法尼亚沿着山麓一路开拓。这些在偏远的切罗基族和卡托巴族边界定居的是农民，不是种植者；他们不承认海岸沿线种植者在文化或政治上的优越性。他们使北卡罗来纳人口迅速增长，从1750年到1770年间翻了两番，让这里成为北美大陆第四大以及发展最快的殖民地。移民也同样拥进了南卡罗来纳的偏远地区。巴巴多斯和牙买加的种植者带着他们的奴隶，于17世纪80年代就开始在南卡罗来纳的海岸低洼地区种植大米。在这些低洼地区的一些地方，90%的人口都是奴隶，而整个南卡罗来纳的60%人口都是有色人种的奴隶。奴隶们建造了查尔斯敦（1783年更名为查尔斯顿），它是费城以南唯一的城镇中心。少数白人从1739年的奴隶反叛中幸存下来，牢牢掌握着权力，但种植者们始终警惕着在偏远地区不断增长的势力。

佐治亚是最新也是最小的殖民地，只有三万人，其中一半是奴隶。它于18世纪30年代建立，用作南卡罗来纳和被西班牙占领的佛罗里达之间的屏障。佐治亚让英国贸易商有机会同克里克族和切罗基族人做生意，同时也作为一块楔子，对付彭萨科拉及新奥尔良的西班牙和法国贸易商。它同时还是来自英国的债务人或穷人的避难所，他们到达佐治亚之后就想着自己为何不能像萨凡纳河对岸南卡罗来纳的白人那样拥有奴隶。当地仁慈
3 的立法者们最终对佐治亚白人蓄奴的需求大发慈悲，所以佐治亚和南卡罗来纳一样享有了相同的奴隶经济。

十三个殖民地，它们的人口、经济体系和社会结构都大不相同。这些殖民地在18世纪30到40年代之间都经历了一场宗教复兴——“大觉醒”，福音传道者们，例如乔治·怀特菲尔德在这些殖民地广泛传教；这是最初将这些殖民地联系起来的运动之一，但这些传教者们也挑战了已确立的宗教秩序。除了通过伦敦之外，这些殖民地还缺乏政治上联系起来的正式沟通体系。驿道把波士顿和费城联系起来，但大部分的运输是通过水路。极少有美国人去过其他的殖民地。乔治·华盛顿在年轻的时候去过巴巴多斯，但没有到过费城或纽约；来自马萨诸塞的约翰·亚当斯直到快四十岁的时候才来到纽约和费城。

通信和交通的问题并没有阻止这些殖民地的发展。本杰明·富兰克林，一个游历很广的美国人，注意到自1607年以来，只有八万英国人来到美国，但到了1751年，已有超过一百万的英国后裔居住在美国，同时来自德国、非洲及苏格兰-爱尔兰的人口也在不断增长。在1700年到1750年之间，英国的人口从五百万增长到六百万；而与此同时，美国的人口翻了一番。富兰克林预测，二十五年之后，美国的人口还将翻番，到了1850年，“人数最多的英国人将住在海洋的这一边了。英帝国在海洋和

陆地上的势力增长多么可观啊！贸易和航海将大大繁荣！船只和船员的数量也将大大增加！”

富兰克林预期，这些殖民地仍然会继续作为一个不断强盛的英帝国的组成部分。但是，当时就有一个迫在眉睫的威胁。从圣劳伦斯到密西西比地区，法国牢牢控制着内陆部分，威胁着英国对北美大陆的控制。 4

在阿利根尼河和莫农加希拉河汇合成俄亥俄河的地方，宾夕法尼亚人建立了一个小小的要塞，驻扎了四十四个人，用于保护宾夕法尼亚商人抵御纽约易洛魁联军。1754年4月，法国和印第安人联军组成了一支有三百六十艘平底船和独木舟的舰队，带着十八门火炮，顺着伊利湖而下。他们迫使宾夕法尼亚人交出要塞，并放弃价值两万英镑的货物。

然而，其他的殖民地并不将此视作对他们自己的威胁。纽约人认为，宾夕法尼亚人侵入了他们的贸易地盘，而弗吉尼亚种植者则希望垄断俄亥俄河两岸印第安人狩猎场的全部贸易。马萨诸塞和纽约之间正为了康涅狄格河与哈德孙河之间的土地剑拔弩张；康涅狄格和宾夕法尼亚均宣称拥有萨斯奎哈纳河上游或怀俄明谷的德拉瓦族人的土地；佐治亚和南卡罗来纳为了与克里克人和切罗基人的贸易进行竞争。尽管他们的生存依赖于他们之间的合作，却没有一个殖民地忽视近在眼前的自身利益。

但英国政府感受到了法国的威胁，并命令各殖民地与易洛魁人会谈，以巩固他们之间对抗法国的同盟。七个殖民地的代表于1754年夏天在纽约的奥尔巴尼与易洛魁族代表见面。这次会议未取得任何成果。各殖民地代表分别与易洛魁族签订了单独协议（弗吉尼亚从易洛魁人手中买下肯塔基，尽管萧尼族实际拥有这块土地），但没有制定任何统一的战略。富兰克林和马萨诸塞政治领袖托马斯·哈钦森起草了一个联合计划，提出每一个殖民地须选出代表参加一个四十八人的大议会，每年轮流在不同的殖民地首府开会；这个议会将会建立军队，并向各殖民地征税进行共同防御，尽管各殖民地依旧保留自治权。英国国王将指定一位总督，以确保该议会不与英国政策发生冲突。尽管奥尔巴尼会议通过了这一计划，但各殖民地议会却并不认可。没有一个殖民地愿意向其他殖民地放弃自己的权力和特权。事
5 实有些残酷，富兰克林说这些殖民地只有在英国政府强迫他们的情况下才可能团结起来。

同时，弗吉尼亚让他们的民兵们在陆军少校乔治·华盛顿的带领下进入阿利根尼和莫农加希拉；他们攻击了法国军队，杀死了一名法国外交官。法军向他们回击，占领了华盛顿建立的要塞（尼塞西蒂要塞），并把华盛顿送回弗吉尼亚。华盛顿对莫农加希拉前线的突袭导致了英国和法国相互宣战，战争从北美扩散到加勒比海、欧洲、地中海、非洲、印度以及太平洋。这是第一次全球性的战争。英国首相威廉·皮特认识到，战争取得胜利的关键在于控制海洋和北美大陆。皮特动员英国舰队和正规军，以及数千美国民兵队伍去抢夺了法国手中的蒙特利尔和魁北克。接下来，又派兵从西班牙手中夺取了古巴和佛罗里达。在战争末期，英国控制了美国密西西比河以东的全部地区。

英国人把法国人从俄亥俄河地区赶走了，但未能对付当地的印第安人。渥太华领袖庞蒂克领导印第安部落对抗英国军队，很快就击溃了英军的小规模驻防，并夺取了英军在皮特要塞——位于阿利根尼河与莫农加希拉河交汇处的驻防——以西

的所有前哨。英国人明白，庞蒂克在当地实施有效的封锁，越多的白人在此区域定居，就会引起越多与印第安人的冲突，因此需要更多的军队。为了避免这些问题，并彻底终止纽约、宾夕法尼亚和弗吉尼亚之间关于领土控制权的争议，英国国王就简单地在阿巴拉契亚山脉和密西西比河之间，北至魁北克，南到佛罗里达，禁止白人定居和买卖土地。对上述1763年颁布的公告，每一个殖民地，从佐治亚到康涅狄格都表示厌恶。如果他们被禁止进入俄亥俄地区，那他们又为什么要打仗呢？

尽管如此，抗议此公告的反应，比他们抗议英国议会试图管制殖民地贸易，并为殖民地前线的防卫支付费用的反应要温和 6
许多。议会于1764年4月开始他们财政上的行动，实施了《糖税法》。该法将进口糖浆的关税减半，降至一加仑三便士，但与之前税法不同的是，这一税法包含了确保征收的规定。商人们必须缴纳履约保证金，确保他们依法纳税，并特别建立了海事法院，而非陪审团，以审判违法者。

除《糖税法》之外，英国议会还禁止殖民地铸币或印刷他们自己的纸币。这一规定的目的是规范货币，防止纸币或硬币大幅度波动。但实际的效果是将钱从流通中抽走，并扼杀了殖民地贸易。

商人们进行了预料之中的抗议。未能预测到的是他们进行抗议的理由：他们主张，未经他们同意，不得向他们征税；他们没有参与选举议会，所以议会无权向他们征税。商人们得到了一些有影响力的神职人员的支持。波士顿牧师乔纳森·梅休警告道："人们通常不是一次性被剥夺了所有的自由，而是循序渐进地。"

波士顿律师詹姆斯·奥蒂斯写道，并非征税本身有错，而是原则就错了。如果可以不经殖民地人民同意就向他们征税，他们实际上就成了议会的奴隶：

> 殖民地人民，他们是人，有权被视为拥有和欧洲人一样平等的、与生俱来的权利，他们在行使自己的权利时，不应受到限制，除非是为了整个地区的利益。作为或成为社会的一分子，他们并没有比其他好公民更进一步放弃自己天生的权利，如果未经他们同意就剥夺了他们的权利，就意味着他们受到了奴役。

7 他进一步阐述道，奴役白人与奴役黑人一样，都是错误的：

> 殖民地人民依法生来享受自由，甚至所有人皆如此，不论白人还是黑人……难道说因为一个人是黑人，奴役他就是正确的吗？难道如那些心肠犹如铁石一般坚硬的人所宣称的，短鬈发更像羊毛而不同于基督式头发，就有助于赢得这场辩论吗？从一张长着扁平鼻子的长脸或短脸上，难道就可以得出任何支持奴隶制的符合逻辑的推论吗？一个显而易见的事实是，那些每天拿别人的自由做交易的人将很快就不再在乎他们自己的自由了。

奥蒂斯继续道：“女人难道不是和男人一样生来自由吗？那些认为女性天生就是奴隶的断言难道不算无耻吗？”在反驳议会有权征收糖税时，奥蒂斯进一步反对了任何形式的专制权力。

奥蒂斯认为糖税导致了奴隶制；他也看到了对该税的抵制将赢来男人和女人们的自由，不论是黑人还是白人，他们都可以享受自己劳动的果实。

议会迅速地按照奥蒂斯所预测的那样展开行动。英国财政大臣乔治·格伦维尔勋爵，提出了向北美殖民地征收“印花税”，即向任何印刷品征税，包括报纸、小册子、大学文凭、契约、销售和装船单据、结婚证书、法律文书、纸牌、骰子、遗嘱，税率从三便士到四镑不等，取决于文件的价值，并用硬通货支付。付款后文件上贴上一枚印花，作为凭证。美国人民进行了抗议，不仅仅是反对一系列新的税收，更是反对议会有权向他们征税这一原则。传教者乔治·怀特菲尔德警告说，这些税将是剥夺美国人民自由的“大阴谋”的开始。

为支持上述税收，查尔斯·汤森德于1765年2月提出质疑：“这些美国人，从幼年起就深受我们的照顾，在我们的恩惠下不断成长，直到成为如今这样强大和富庶，同时受到我们的保护，难道还不愿意做一些微薄的贡献，稍稍缓解一下我们目前承受的巨大负担吗？” 8

随即，艾萨克·巴雷反驳了汤森德关于殖民地历史的解读。“他们深受你们的照顾？不，你们的压迫伴随着北美人民……他们的成长受到你们的恩惠？他们在你们的忽视下长大……他们受到你们的保护？他们为保卫英国英勇地举起了武器。”巴雷说，北美人民“和英国国王的任何臣民一样忠诚，但这些人民唯恐失去自己的自由，并试图维护自由”，特别是反对那些“让自由之子一腔热血冷却”的政策和官员们。

北美那些反对英国议会于1765年3月22日通过《印花税

法》的人们，开始称自己为“自由之子”。他们以其他机构组织为基础，特别是殖民地媒体：波士顿的本杰明·伊兹——《波士顿报》的印刷人，《普罗维登斯报》的威廉·戈达德，《纽波特水星报》的塞缪尔·霍尔，以及《宾夕法尼亚日报》的威廉·布拉德福德，都是“自由之子”的重要领袖，他们真正的力量来自每个社区的劳动人民。例如，埃比尼泽·麦金托什，一名波士顿制鞋匠，波士顿“南端暴民”组织的长期领袖，成了“自由之子”的首领，他的组织成员用来悬挂不受欢迎的官员雕像的那棵大榆树成了“自由之树”。

1765年5月，弗吉尼亚议会（下议院）的帕特里克·亨利提出，弗吉尼亚人民没有放弃“英国自由的显著特征”——只有在征得本人同意的情况下才可向其征税。尽管议会拒绝了亨利的提议，但它们被发表在遍及殖民地的报纸上，成为各殖民地反对派的基础。

在波士顿，有谣言说安德鲁·奥利弗，一个商人、州府秘书、副总督托马斯·哈钦森的内弟，同时也是新任命的税务代理人，在他的海滨仓库里囤积了印花税票。一群暴民于1765年8月14
9 日夜里摧毁了这间仓库。他们并未找到印花税票，但用一堆残骸（大部分被他们抛进了港口）点起了大火，还戏谑地在每一个碎片上盖个印章，然后抛进火焰。两周后，暴民们将副总督哈钦森和他的女儿赶出了他们的房子，并毁掉了房子里的一切。除了佐治亚以外，其他各殖民地的税务代理人都纷纷辞职。

詹姆斯·奥蒂斯召集所有殖民地的代表于10月在纽约召开大会，让大家联合起来抗议《印花税法》。九个殖民地（除了弗吉尼亚、新罕布什尔、北卡罗来纳和佐治亚）都派出了代表，他们起草了一份审慎的抗议书，其中写道，“他们对英国国王陛下及他的政府都怀有最诚挚的感情和责任”，但印花税给他们施加了负担，并违背了他们作为英国臣民的权利。他们将此请愿书寄给英王乔治三世，英王收到了信，却将此事交给了议会处理。

在请愿书顺利到达伦敦的同时，《印花税法》也于11月1日开始实施。埃比尼泽·麦金托什在波士顿组织了抗议游行，当天夜里，游行的人们手挽着手穿过街道，贸易商威廉·布拉特尔也加入其中，他是总督议会成员，这表明了波士顿商界领袖与新兴的政治领袖——如麦金托什——团结一致。麦金托什的力量来自他的动员能力，他发动了包括船坞工人、码头装卸工、制绳工人等去袭击奥利弗仓库，或在“自由之树”上悬挂雕像。居民们现在能够表现得更文明一些了。美国人民显示出几乎毫无异议的坚定性去抵制印花税。马萨诸塞副总督哈钦森于1766年3月汇报说，“每一个殖民地的权力机构都掌握在‘自由之子’手中”，同时税务代理人约翰·罗宾森也报告说，印花税税务官感受到了“不仅仅是来自一群微不足道的暴民，而是来自整个国家的愤怒”。

英国议会很想知道美国人为什么紧密团结起来反对，于是
找来了宾夕法尼亚议会的伦敦游说家本杰明·富兰克林，听听 10
他如何解释。富兰克林告诉议会，他们坚持对美国人民征税，这改变了美国人民对议会的看法。议会不再是“最伟大的支柱及美国人民自由和权利的保障”，除非议会取消《印花税法》，否则美国人将失去对英国的“尊敬和热爱”，更重要的是，他们还将切断“建立在这种尊敬和热爱之上的所有贸易”。美国人过去曾经很骄傲地“沉迷于英帝国的时装和制成品”，但如今他们

11 图1 暴民们走上街头抗议《印花税法》,1765年

骄傲地“重新穿上了他们的旧衣服，直到他们可以做新衣服为止”。他们宁愿不再穿着黑色的哀悼服饰去参加葬礼，也不愿再从英国购买了；他们还放弃了吃羊肉，这样羊羔可以长大，产出羊毛。富兰克林告诉议会，“这些可爱的小动物们现在都好好地活着，背上长着可以想象到的最漂亮的羊毛”。

如果议会取消了《印花税法》，殖民地是否会放弃“英国议会不得向他们征税”这一诉求？“不，绝不”，富兰克林回答道。“他们永远都不会这样做，除非受到武装力量强迫”，但“没有什么力量——不管有多么强大——能迫使人们改变他们的想法”。

有没有除了武力之外的任何东西可以执行《印花税法》？即使一支军队也不能让这项印花税法在美国实施。士兵们在那儿“会发现没有人持有武器”，“他们并不会发现叛乱，但可以制造一场叛乱”。

前任英国首相威廉·皮特号召议会取消这一“令人不快的”“违宪的”“不公平的”“压迫性质的”法律，并质问议会如何能够解释为什么一个“只有几间房子的英国自治区”都可以在议会有代表，三百万人口的美国人却没有任何代表。皮特预计，这场和美国人民之间的斗争将会迫使英国政府进行改革，而“我们宪法中腐烂的部分”将彻底消失。

议会取消了《印花税法》，但通过了《宣言法》，它主张“在任何情况下”英国都有权控制北美殖民地。 12

美国人民把这次取消看作英帝国内部而非国与国之间的一场胜利。费城人直到6月4日在庆祝完乔治三世诞辰后，才开始庆祝他们自己的胜利。约翰·亚当斯写道，（印花税的）取消“使民众发起的一次次骚动平息下来，实现平静、和平的安宁”。

这相对于1765年以来的骚乱、起义和暴动来说是一个巨大的改变。美国人民相信，那些关于贸易损失的抗议、请愿和警告，已迫使英国议会废除了该法律。他们可以接受《宣言法》的存在，只要议会并不真正执行它。

但在1767年，英国财政大臣查尔斯·汤森德提出了一系列新的税收法，对所有进口到殖民地的铅、玻璃、油漆及茶叶征税。海关征税官被派到北美以确保这些税依法上缴，同时成立了新的海事法院来审判违反税法的相关船只案件。这些新的税法——通常被称作“汤森德系列法”——再一次触发了政治和社会的紧张局势。

超过六百名波士顿市民——其中二百人是妇女——一致同意不再购买任何需征税的英国进口商品。费城律师约翰·迪金森写了一系列文章——“农民来信”，主张英国议会无权向殖民地征税。迪金森承认，英国议会可以对商贸实行管制，但同时表示，殖民地只有经他们自己同意——经他们选出的议会——才能被征税。

纽约议会抗议英国议会无权向殖民地征税，亨利·摩尔爵士作为当时的纽约总督，暂时关闭了当地议会。在马萨诸塞，弗朗西斯·伯纳德总督要求当地议会取消它送往其他殖民地号召抵抗的信；当遭到拒绝后，他立即解散了议会。这些对议会一系列的打击使得这场斗争变成了一个专制政权和人民自治政府之间的斗争。这些被暂时关闭的议会的领袖们，联合“自由之子”
13 组织了抵制英国货的运动。

妇女们拿起了她们的纺纱机——这对孤单的女人们来说曾是一件普通的家务事，她们把羊毛纺成纱线，将纱线再织成布，现已成为一个公开的政治举动。在纽波特，九十二名“自由之女”将她们的纺纱机带到会议大厅，一天之内一共织出了一百七十束纱线。制作和穿上家庭纺制的布料成为一个政治抵制举动。

由于担心抵制和抵抗将升级为暴力行动，伯纳德总督要求英国军队来波士顿维持和平。两个英国军团于1768年10月抵达。本杰明·富兰克林认为，派军队前往波士顿“好比在装满火药的弹药库里安装一个铁匠的熔炉”。

富兰克林被证明是对的。1770年3月5日，起义者攻击了英军主要的兵营，在随后的街头打斗中，英军向一队市民开了枪。五位市民被杀，当地领袖迅速称此为“可怕的屠杀”。保罗·里维尔为此事制作了一幅雕刻画，刻画出一队整齐的士兵向无辜并手无寸铁的市民开枪，州议会大厦和第一教堂在惨案现场隐约可见；在这一雕刻画中，英国士兵的专制势力侵犯了波士顿人民的合法政府和精神权威。

在此次冲突之后，波士顿市政府要求英国军队离开，并警告说周边城镇约一万市民已准备好攻入，把英军赶走。副总督托马斯·哈钦森（在伯纳德回英国之后他实际担任了总督一职）妥协了，把惨案涉事的英国士兵抓捕起来，并把其他人派往新泽西。

两名领头的爱国人士（反对税法的人如此称呼自己）站了出来为被指控的士兵辩护。约西亚·昆西和约翰·亚当斯希望英国军队从城里撤出，但他们也希望证明，波士顿并不像伯纳德描述的那样，是一个不可治理、暴乱的地方。通过对向波士顿街头无辜市民开枪的英国士兵进行一场公正的审判，昆西和亚当斯可以证明，波士顿人民是守法的。两名士兵被证实犯过失杀 14

图2　保罗·里维尔的雕刻作品刻画了美国人是如何看待波士顿惨案的：英国士兵站成一条直线，向手无寸铁的人群开枪。有人从海关大楼（此处被贴上了“屠夫大厅”的标签）的窗户里开枪。背景里隐约浮现的是州议会大厦和第一教堂——已被穿制服的武装队伍侵犯的合法政府和精神秩序

人罪，这仍是死罪。亚当斯帮助他们把刑罚减少为在他们的拇指上打烙印，其他士兵被无罪释放。当英国军队撤离后，波士顿平静了下来。英国议会通过取消绝大多数的汤森德税缓和了紧张局势，但同时也证明，它仍有权对美国人民征税，它保留了茶叶税。

除了英国议会无权向他们征税之外，各殖民地之间几乎没有统一意见。马萨诸塞和纽约之间长期以来就康涅狄格和哈德孙河之间的土地所有权纷争不断；纽约与新罕布什尔因为佛

蒙特而处在战争一触即发的边缘，而佛蒙特当地人则坚决不同意归属任何一方。宾夕法尼亚和康涅狄格都宣称拥有怀俄明谷，而康涅狄格开拓者们按照他们的17世纪特许状一直在当地种植。

美国人对土地的渴望导致了各殖民地政府和印第安人之间的冲突；从马萨诸塞到佐治亚，白人开拓者们紧盯着印第安人的土地。科德角的马什皮瓦帕侬人派代表去请求国王保护他们免遭马萨诸塞政府欺压，因为该政府允许白人购买他们的土地。在南北卡罗来纳和佐治亚，偏远地区的农民不断搬进切罗基族和克里克族人的土地。北卡罗来纳派丹尼尔·布恩到西边去向切罗基人购买田纳西和坎伯兰河之间的土地，尽管切罗基族并不实际拥有这块土地。

弗吉尼亚的皇家总督邓莫尔勋爵，写信给时任美国事务大臣的达特茅斯勋爵，表示1763年颁布的关闭跨阿巴拉契亚山脉以西的宣言，“并不足以限制美国人，他们在自己的贪欲和无法满足的欲望驱使下正在或将要迁移过去”。美国人“想象着远方广阔的土地，要远比他们已实际开拓的土地更好”。邓莫尔还表示，美国人“对土地没有归属感，乐于四处漂泊似乎植根于他们的天性之中”。

邓莫尔看到了两个可能的结果，两者都令人难受。开拓者们可能会搬进印第安人的土地并与他们通婚，这一行为“导致的可怕结果可以很轻易地预见到”。或者，各殖民地政府可以监督西进运动，允许白人开拓者们“在旧殖民地的基础上，自行成立他们自己的民主政府”。邓莫尔决定要让弗吉尼亚政府控制边疆地区。 16

遵照邓莫尔的命令，约翰·康纳利博士于1774年重建了被废弃的皮特要塞，将之重新命名为邓莫尔要塞，并从这里开始了一场与肯塔基的萧尼族、俄亥俄的明戈族之间的战争。英国派往易洛魁地区的执法官威廉·约翰逊爵士，阻止了易洛魁族支持他们的明戈族、萧尼族盟军抵抗弗吉尼亚。在没有易洛魁族支持的情况下，萧尼族和明戈族无法抵挡咄咄逼人的弗吉尼亚军队，后者最终赢得了在肯塔基，即今天的西弗吉尼亚狩猎的权利。

北卡罗来纳这时刚刚摆脱自己的内部战争。山麓地带的农民们对于他们的政府坐落在沿海，却控制着他们的土地并向他们征税感到十分愤怒。政府官员——地方法官和地方执法官——征收高额费用。由于害怕山麓的农民们发动起义，同时也知道陪审团将会支持他们自己的邻居，北卡罗来纳政府命令对于边疆闹事者的审判将在新伯尔尼进行，在那里，总督托马斯·泰伦用纳税人的钱建起了一座华丽的总督府。北卡罗来纳偏远地区的农民们，因政府向他们征税却既不保护他们，也不代表他们而感到异常愤怒，于是他们开始管理自己的事务，关闭了法院，将执法权掌握在自己手中。泰伦发动军队去镇压这些“管理者”，于1771年在阿拉曼斯溪经过一场激战打败了他们。北卡罗来纳的管理者们尽管被镇压却并没有认输，他们继续对远方的毫无作为的政府持高度怀疑态度。泰伦离开了北卡罗来纳去担任纽约的总督。

在马萨诸塞，一切还相对平静。“要不是有那么一两个亚当斯的话，”新任命的总督托马斯·哈钦森写道，“我们这里会一切安好。”塞缪尔·亚当斯并没有闲着。“自由之子”在各殖民地

想法相同的人们之间建立了一张沟通网络，亚当斯遵循着“自
由之子”的模式，于1772年11月成立了“波士顿通信委员会”，
一个由二十一位成员组成的联络不同城镇有相同思想的人民的
组织。“我们正在酿造一些东西，它会让一些人的头发晕”，托马 17
斯·扬博士写道。随着马萨诸塞的市镇建立了通信委员会，马萨诸塞议会的工作人员亚当斯也在议会中成立了通信委员会，以联络其他的议会。到1774年，每一个殖民地议会都建立起了一个与其他议会联络的委员会；这确保了波士顿在随后即将发生的危机中不会孤立无援。

“这里的煽动性叛乱已在每一个殖民地都燃起了火花”，总督托马斯·盖奇给英国政府写信，他是英国军队在北美大陆的总指挥，驻扎在纽约。他指责英国反对党的“言论、文章和抗议”挑动起殖民地不满情绪的火花。伦敦的饶舌者贺拉斯·沃波尔把这些认为是英国软弱无组织的反对党挑起了北美的不满情绪称为残酷的指控：“也许就好比用一块湿抹布点起了一把火。”

美国并不需要英国的反对党，因为英国政府本身就积极地燃起了这把火。海军上将约翰·蒙塔古的舰队沿着美洲海岸巡逻，名义上是为了抓捕走私犯。“加斯皮”号上的威廉·达汀斯顿中尉很确信，他所看到的所有驶离罗得岛的捕鱼船和商船都从事走私。他尽一切可能阻止并搜查了每一艘船，并通过抢劫罗得岛上的农场为“加斯皮”号提供补给。渔民和农民们向他们的总督抱怨，总督向海军上将进行了投诉，蒙塔古却警告说，任何干扰达汀斯顿的人都会被吊死。这位中尉此后对待罗得岛居民就更加严苛了。

渔民和商人们决定自己动手解决这些问题。当达汀斯顿让

“加斯皮”号过于靠近纳拉干西特岸边的时候，渔民和商人们登上了这艘船，强迫水手们下船，并在这艘纵帆船上点起了火。蒙塔古收到了来自伦敦的命令，要抓住这些犯人，把他们押送至英
18 国作为海盗接受审判。但罗得岛大法官斯蒂芬·霍普金斯拒绝进行逮捕。海军上将蒙塔古抱怨道，除非动用武力，否则英国议会的法律无法在美国施行。

英国政府从未将这十三个社会结构和政治体系各异的殖民地看作英帝国这个整体中重要的一部分。当法国对他们构成威胁的时候，殖民地的人民也没有为了英国的利益团结起来。但是现在，当英国政府试图使他们成为帝国版图中不可分割的一部分时，殖民地人民反而开始团结起来，抵抗打算统治他们的英
19 帝国。

第二章

殖民地叛乱

乔治三世是彻彻底底的英国人，他决心成为一位最好的启蒙传统中的“爱国君主”。他的祖父乔治二世，以及曾祖父乔治一世，都是来自汉诺威的德国王子，他们不会或只会一点点英语，定期回他们的日耳曼公国。但乔治三世从未离开英国，并在他的王位上掌权近六十年。他登基后的头一个十年并不稳固，直到他任命了弗雷德里克·诺斯勋爵担任首相。诺斯勋爵持有和国王一样的管理国家的态度，并于1770年到1782年间担任了英国首相。

在诺斯提出《茶叶税法》的时候，国王和诺斯都没有想起美国，因为该税法更多是与帝国本身和诺斯内阁相关。东印度公司当时已接管了印度，这使他们可以预期获得大量财富，也让他们背上近在眼前的巨额债务。诺斯提出借给该公司一百五十万英镑（约合今天的二亿七千万美元）。作为回报，他可以任命公司的总督。该公司还享有在北美销售茶叶的垄断权，可以直接向北美市场运送茶叶而无须支付英国销售关税。

“这一天终于来了，”费城商人协会在了解到《茶叶税法》时
20 发出感叹道，“我们必须做出选择，是要做一个自由人，还是像奴隶一样苟延残喘地活着。”《茶叶税法》将使美国人屈从于“英国腐朽又狡猾的内阁”，并将他们从“无价的美国自由人变为奴隶”。美国人一定不能让英国议会具有控制他们命运的权力。费城人决定，任何茶叶都不能运进来。

一队波士顿暴民袭击了茶叶商人理查德·克拉克的家。当第一艘运送茶叶的船“达特茅斯”号于1773年11月28日抵达波士顿港时，超过一千人拥进了法尼尔厅去抗议它的到来。“自由之子”派驻了士兵以确保没有任何茶叶可以卸载。按照英国的法律，一艘船可以在抵达港口二十天之内不卸载货物，超过这个期限，货物则必须缴税。“自由之子”和城里的领袖们——塞缪尔·亚当斯、约西亚·昆西及其他人——决定既不让茶叶卸载，也不让它缴税。而茶叶商人——都是美国人——则希望茶叶可以卸载并销售。船主们——也都是美国人——只希望他们的船只不受损伤，这样可以继续装上货物驶回英国。在接下来的几周里，又有两艘船抵达波士顿，但再没有新的船只抵达美国港口了，波士顿人于12月16日晚上采取了行动，即茶叶必须卸载并缴税的最后期限。当天晚上，波士顿人装扮成印第安人登上了这三艘船，把342箱货物吊起放在甲板上，将92 586磅重、价值9 659英镑（约合今天的一百七十万美元）的茶叶倒进了港口。

“这是迄今为止最伟大的行动，”约翰·亚当斯写道，“爱国者们这最新的努力体现出他们的尊严、主权和高尚，让我深深地敬佩。如果没有人做出这些值得纪念的、著名而惊人的事情，人们就永远不会站起来。销毁这些茶叶的举动十分大胆、英勇、冷

静、无畏而不屈，它必将产生无比重要且久远的后果，我只能把它看作一个划时代的事件。”

销毁茶叶的举动（此后五十年它都未被称为“波士顿倾茶事件”）带来了戏剧性的后果。保罗·里维尔把这个消息带去 21
了纽约，纽约决定不再运抵茶叶，同时茶叶承销商也纷纷辞去了销售茶叶的职务。该消息于圣诞节前一天传到费城；而圣诞节当天，“波莉”号船进入了特拉华。八千名费城人在州议会大厦门前聚集，要求“波莉”号立即返回英国。“波莉”号照做了。美国人不会接受这些茶叶。当一艘走错航线的船于4月开进切萨皮克湾时，船主人害怕别人知道他是茶叶商人而给自己和自己的名誉带来不好的影响，于是将这艘满载货物的船付之一炬。

由于美国人团结起来抵抗英国议会和东印度公司的茶叶，议会进行了回击，关闭了波士顿港，直到这座目无法纪的城市赔偿茶叶款；它还暂时关闭了马萨诸塞政府，要求市政会议需获得总督允许；并把选择警长、地方法官和总督议会的权力交给总督，而不是当地人民。英国军队驻北美总指挥托马斯·盖奇将军被任命为新总督，他还受权将军队安置在平民家中。最后，英国议会将魁北克的边界延伸至俄亥俄河和密西西比河，把这片土地从弗吉尼亚、宾夕法尼亚和纽约分割出去，并授予加拿大天主教徒在这里从事宗教活动的自由。诺斯和英国政府相信，马萨诸塞是格外反叛的，但其他大部分殖民地还是忠心的。孤立马萨诸塞，防止叛乱传播开来，最终，即使是那些爱制造麻烦、好捣乱的马萨诸塞人也将恢复理性。

新英格兰人纷纷动员起来阻止孤立。罗得岛议会号召各殖民地派代表参加大陆会议。约翰·亚当斯预测，“这片大陆上最睿智的人”将解决这场危机。

男人和女人们都加入了这项事业中。北卡罗来纳伊登顿的
22 五十一位妇女签署誓言，不购买茶叶或其他英国商品。在从伦敦给远在北卡罗来纳的家里写信时，阿瑟·艾尔德尔问道：“伊登顿也有女性代表大会吗？我希望没有，因为我们英国人很害怕男性代表大会，但如果连自亚马逊时代以来就被认为是最强大敌人的女性也要攻击我们的话，那最致命的结果是令人恐惧的。”尽管艾尔德尔的语气带一些嘲弄，但事实就是，现在女性已真正加入这场政治运动中来了——英国的政策已在家里、酒馆里和咖啡厅里都挑起了反抗——适时地给政策制定者们敲响了警钟。

当大会于1774年9月在费城召开的时候，除了佐治亚，其他所有殖民地的代表都出席了。这些殖民地会支持波士顿吗？还是会劝波士顿人支付茶叶赔款，不再制造麻烦呢？

波士顿城外已被盖奇将军和英国军队占领，来自萨福克县各城镇的代表在这里聚集，试图解决“不可容忍系列法”——关闭港口、暂停政府、扩张魁北克、允许驻扎军队——都违背了英国宪法。他们号召暂停与英国之间的贸易，同时，由于英国议会非法吊销了他们的许可证，他们还号召马萨诸塞人民组成新的政府。保罗·里维尔在9月11日带着这些决议离开了波士顿；六天之后，这些决议获得了代表大会的一致通过。亚当斯在他的日记里写道：“这是我一生当中最快乐的日子之一。这天使我相信，整个美国都将支持马萨诸塞，或同她一起毁灭。”

代表大会向英国国王请愿，请求他放过波士顿，并改变政策，同时号召魁北克人民加入他们。大会提议如果英国政府没

有正面回应他们的请愿，他们将于1775年5月再次召开会议。

在波士顿，盖奇将军在试图平息事态。他听说各城镇都从
查尔斯敦（如今在萨默维尔市）的一个州火药库领取弹药，于是 23
将剩余的火药运往波士顿。这引起了肆意的谣言，说英国舰队轰炸了波士顿，并杀了六个人。四千人聚集在坎布里奇公地。他们不能也不愿攻打盖奇或他的军队，于是攻击了当地保守派们的家，保守派们纷纷逃往波士顿寻求盖奇的保护。

尽管有国王的委任，盖奇也明白，他的实际权力范围只在他的军队控制地区之内。马萨诸塞城镇的人民承认的是另一个政府——市政府，在市会议中由大多数人投票产生。愿意对国王及他的合法政府保持忠诚的男人和女人们不得不从家里逃出来，在盖奇这里寻求保护。

12月，新罕布什尔的朴茨茅斯民兵惊动并战胜了驻守威廉和玛丽要塞的六名英国士兵，偷走了那里的大炮和军需品。1775年2月，塞勒姆的民兵动员起来，从英国正规军手中缴获了大炮。美国人并不攻击士兵——他们封锁了塞勒姆的道路，以阻挠英军的前进——而是迫使他们要么投降，要么就开第一枪。“让你的敌人处在错误的境地，使他不得不犯错，”塞缪尔·亚当斯于3月写道，“这是政治上一条睿智的准则，在战场上也是如此。”

盖奇和伦敦当局都调解失败了。前任首相威廉·皮特提出把盖奇的军队从波士顿撤出，并使英国议会在美国的权力仅限于向殖民地收税。然而，议会最终听从了诺斯勋爵的指挥。议会于1775年2月9日宣布马萨诸塞陷入叛乱，要求逮捕州政府领袖，并授权盖奇使用武力来恢复英国管辖。1775年4月14日，当

盖奇收到以上指示时，立刻迅速行动起来。四天后，他派出八百
人的军队前往离波士顿十七英里之外的康科德，摧毁当地保存
24 的军需品。

他们的行动并未能保密太久。威廉·道斯和保罗·里维尔溜出波士顿去提醒当地民兵，到黎明时，当英国军队抵达莱克星顿时，约七十名民兵已在公地集合。当他们听见英国军开进城里，一些民兵就敦促他们的队长约翰·帕克放弃公地——几十个未经太多训练的民兵根本不是八百名英国常规军的对手。但帕克命令道：“坚守阵地！不要开火，除非敌人先开枪！但如果他们想要开战，就让它在这里开始吧！”

当英国军队在面前汇集的时候，帕克又有了新的考虑。“解散，你们这些叛乱分子，”一个英国军官叫道，“该死的，扔下你们的武器，解散！”帕克于是命令自己的人解散。一些人开始离开，但其他人并未听到这个命令。在混乱中，随着越来越多的英国士兵加入进来，其他人于是挪到了民兵们的左侧，突然枪声响起了。没有人知道究竟是谁——民兵、英国士兵还是旁观者——开了第一枪，但英国人开枪了。民兵纷纷从英国军队旁逃开，几乎没有时间开枪回击，留下了八名民兵被打死在公地上。一名英国士兵受了伤。英国军队继续向康科德前进。

他们在康科德并没有找到什么。由于收到了英军来袭的警告，叛乱者们藏起了他们的物资。英国人捣毁了三门大炮，把一些子弹丢进池塘里，并在康科德市政厅前用炮架点起了大火。眼看着大火将要蔓延开来，士兵们帮着当地人保护市政厅。

沃尔特·劳里上尉率领分遣队向城北进发。在康科德河上的北桥，他们遇上了来自附近城镇的五百名民兵，他们一大早收

到了警报，就向康科德进发。这些民兵编队整齐，在北桥旁的山
坡上加入了来自康科德的民兵。当这些美国人接近北桥时，又
有两支英国编队在河对面加入了劳里的队伍。在混乱中，英军 25
隔着河开了枪。尽管有两名美国人被打死，但其余的人继续行
进。康科德的陆军上校约翰·布特里克的家族自1638年开始就
在这片土地上耕耘，他大喊：“开火，伙计们，看在上帝的分上开
火吧！”

布特里克的士兵于是开枪了。令他们惊讶的是，英军开始向康科德撤退。劳里没有任何理由继续推进——他知道军需品已被摧毁了——但对美国民兵来说，看到英国士兵在自己的火力下撤退是一件新鲜事。民兵非常大胆地进行了追击。此时，警报已经传递得很远了，更多民兵从东马萨诸塞、新罕布什尔和罗得岛赶来。六支不同的新英格兰民兵队伍，在英国军队从康科德向莱克星顿撤退时发起攻击，向波士顿的完全撤退，对英国人是一场折磨。从身后的墙、房子和树后面，美国人不断地向英军开火，或者快速组织好一个个埋伏，等在那里攻击英国士兵。“我们在连续的火力中撤退了十五英里，”休·珀西勋爵报告说，“他们就像一个移动的圆环，无论我们到哪儿都包围、尾随着我们。”

当英军终于抵达安全的查尔斯敦时，他们一共损失了六十五人，一百八十人受伤，还有二十七人失踪。而美国这边死了五十人，三十九人受伤，五人失踪。比被他们眼中的乌合之众击败更糟糕的是，英国士兵发现，他们已经被一万五千名新英格兰民兵包围了，他们在波士顿西北部的坎布里奇扎营，并一直延伸到罗克斯伯里的南边，使盖奇的部队无法补给食物和柴火。

民兵在新英格兰各地聚集起来。本尼迪克特·阿诺德，一位康涅狄格的商人、船长，领着一队志愿者向北来到尚普兰湖。在那里，他和伊森·艾伦的“绿山男孩”联合起来——他们原是
26 为了保卫佛蒙特免遭纽约的侵犯——这支联合队伍于5月9日让英军在提康德罗加要塞的驻防猝不及防，他们要求英军交出要塞和大炮。当受到惊吓的英国指挥官问他在向谁投降时，艾伦回答道：“以耶和华和大陆会议的名义。”

大陆会议的代表们第二天再召开会议的时候，并不知道艾伦大胆地用他们的名义俘获英军。但他们知道莱克星顿和康科德事件，这似乎就是英国对他们请愿的回应。乔治·华盛顿身着弗吉尼亚民兵陆军上校的制服出席，标志着请愿的时机已经过去。约翰·亚当斯提议，会议将包围波士顿的民兵改编为大陆军，并提名华盛顿为总指挥。他的表兄塞缪尔支持该提议。华盛顿同意了，并要求不收取任何薪金。华盛顿告诉帕特里克·亨利这将让他的公众声誉毁于一旦，然后动身前往坎布里奇，于1775年7月3日接管了民兵队伍——现在称为大陆军。

这支大陆军究竟为何而战呢？会议通过了《拿起武器的原因和必要性之宣言》，重申了对英王的忠诚，但坚持人民有管辖自己的基本权利。会议的部分领导，例如约翰·迪金森，还没有准备好再推进一步。约翰·亚当斯将会议比作一支“在护卫下航行的大舰队。最快速敏捷的水手们必须等待最迟钝、最慢的那些人”。但舰队的航行目标仍然是个谜。

英国则有一个更清楚的目标——恢复殖民地的忠诚——但没有明确的策略来实现这个目标。部分英国军事参谋倾向于封锁，尽管如果他们的海军在北美巡逻，法国和西班牙就会威胁印

度、西印度群岛，甚至英国本土。若靠陆军实现军事征服则需要至少两万人——超过英国能够部署的人数。政府内阁各大臣之间、大臣和军队指挥官之间，以及在美国的各将领之间，有着根本性的不同意见，这阻挠了战争的努力。军事家们对如何取得 27
战争胜利各有看法，但他们都同意在新英格兰之外的大部分美国人都忠于英国。孤立新英格兰，英国就能够确保这部分美国人对英国的忠心。

至此，又有三名英国将军抵达波士顿。威廉·豪取代了盖奇担任总指挥；亨利·克林顿任军队第二指挥官（并最终接替了豪的位置）；约翰·伯戈因也来了。豪、克林顿和伯戈因对所有的事情都持不同意见，只除了一件事：盖奇的策略过于怀柔。也许他的确如此。克林顿相信，盖奇的美国太太玛格丽特·肯布尔·盖奇将信息泄露给了美国反叛军。尽管这些指控从未被证实，但盖奇太太如大多数美国人一样，在自己的忠诚中挣扎。

豪也是一样。他1774年参选议会，反对那些他认为导致了和美国人开战的内阁政策，他曾宣誓不参与这场战争。他的哥哥乔治在“七年战争”中领导马萨诸塞军队时战死，他的家族对马萨诸塞为乔治·豪的威斯敏斯特教堂纪念碑出力一事表示感激。他的姐姐凯瑟琳曾安排了一个非正式会面，请了他们的兄长理查德海军上将本人，以及美国人的说客本杰明·富兰克林。现在，豪在波士顿将指挥一场旨在恢复美国人忠诚的战役。他认为，显示出军事力量上的压倒性优势将会驱散美国民兵；之后新英格兰人就会妥协。

克林顿对此有不同看法。英国应该孤立新英格兰人，而不是试图让他们妥协。他们的大本营应该在纽约，而不是波士顿。他对纽约十分熟悉，因为他父亲在那里担任了十年的总督。一万英国士兵可以保护中部殖民地的忠诚臣民们，另有一万士兵可以从加拿大沿着尚普兰湖和哈德孙河而下，集合保皇派们
28 和易洛魁人，孤立新英格兰。这需要两万人的军队以及海上封锁。如果这个要求太高，克林顿就提议将英国军队撤往加拿大和佛罗里达。“无政府状态和秩序混乱——这必然是他们的命运”，将最终使美国人相信，他们的反叛是十分愚蠢的。

豪和克林顿在短期及长期目标上都持不同意见，但他们都发现波士顿出现了他们未曾预料到的情况。在他们离开英国的时候，他们并不知道一支美国军队包围了波士顿，并控制了周围郊区。利用科德角捕鲸船，反叛军彻底带走了港口各岛上的羊和猪，使英军只能靠咸肉维持。当英军的一支觅食队伍从遥远的康涅狄格带回了一些急需的奶牛时，当地的媒体如此嘲笑他们：

> 从前，英国军队让好战的国王卷入战争，但现在，他们的勇气萎靡不振，因为盖奇只要没有价值但无害的牲畜。

不过，这些初来乍到的将军们依然很乐观。“让我们来吧，”当伯戈因被告知英国士兵受困在波士顿狭窄半岛上的狭小范围内时，他说，“我们将会很快找到能施展的地方。”把自己安顿在约翰·汉考克的华丽比肯山大厦的同时，克林顿建议道，最好的施展空间就是多切斯特海峡南侧，附近地区的制高点。控制高地将让英军掌握港口、城堡岛，以及波士顿、多切斯特和罗克斯伯里等城镇。但是，因为确信反叛军不可能控制多切斯特高地，

英军于是未在此处设防。

6月16日，克林顿观察到反叛军向查尔斯敦的邦克山移动，这是波士顿北面的最高点。英军已从4月开始就在邦克山驻防，但盖奇把他们都撤走了，没有想到反叛军会利用这座山来攻击波士顿。 29

现在，克林顿和豪催促立即发动攻击。第二天早上，6月17日，英军开始进攻，要将反叛军从邦克山赶走，接着将他们赶出他们在坎布里奇的大本营，再越过查尔斯河，将他们赶离罗克斯伯里。这个三日计划将驱散反叛军队，让英军获得他们急需的活动空间。当英军当天早上乘渡船前往查尔斯敦时，其他人就烤好面包和肉，为远征做准备。

那是一个闷热的6月的一天下午，英军已准备好在查尔斯敦上岸。当豪的士兵吃完晚饭时，大约三点钟，豪带着他做好准备的士兵们开始慢慢登上邦克山正南面的布里德山。从这座山的山顶，他们可以看到反叛军在邦克山的防御工事。

但他们没有这个机会了。当英军到达布里德山顶时，一阵激烈的扫射火力从埋伏在山顶的要塞中射出。前一天这个要塞还没有在布里德山出现，如今它却已遍布新英格兰的民兵们，他们向低处瞄准，对准了英国军官，且一直等到确保可以击中时才开火。曾有这样的传说：为了节省弹药和确保命中目标，托马斯·普雷斯科特喊道："不要开火，除非你已看清他们的眼白。"第一阵营的英国步兵们伤亡惨重，不得不撤回山下。

豪命令发起新一轮进攻。跨过死伤的士兵，英国军队到达了山顶，但精准的火力让他们再次撤退。

从波士顿的考普山上，伯戈因看到查尔斯敦的狙击手们在英国士兵不断推进的时候将他们逐个击倒。他命令大炮将燃烧弹发射到查尔斯敦，它燃起了大火。克林顿将军命人划船送自己过河，带领更多的士兵加入战斗。在第三次进攻时，士兵们将背包放在山下，迅速登上山顶。

现在军需品几乎耗尽了，美国防御军于是决定放弃布里德山和邦克山，保留实力以期再战。他们把剩余的军需品集中起来，一小股部队准备好拖住英军，其余的人则撤退到坎布里奇。在第三次进攻时，英国军队猛烈攻击装有刺刀的防卫墙，打击军需品已耗尽的剩余美国防御军。这残酷的最后一击赢得了战斗——英国旗帜终于飘荡在邦克山和布里德山上。但超过一千名英国士兵和军官或死或伤，剩下的兵力也不能突破查尔斯敦，美军得以幸存。在整个八年的战争中，英军将失去七十七名军官，其中二十五人死于1775年6月17日。罗得岛人纳撒尼尔·格林希望美国人能够以同样的代价卖给英国人另一座山。

尽管对美国来说这是一次失利，邦克山之役却证明了他们有能力战斗，并让豪和他的军队第一次尊敬自己的敌人。6月16日时，布里德山还是一片牧场；第二天，它的防御工事就拖住英军的两次攻击。如果美国人可以一夜之间做到这些，那他们在坎布里奇或罗克斯伯里又已经做了什么呢？陆军上校詹姆斯·阿伯克龙比汇报了他的军队里无根据的传言——“十分夸张地描述反叛军出现在空中，肩上扛着大炮和迫击炮。”

豪、克林顿和伯戈因认识到，波士顿从政治上和军事上来说，都不是一个好的英军基地。他们最优的选择就是离开这里，但英国政府把他们派到这里是为了赢得战争，而不是放弃领土，他们也不会容忍这么突然的撤退。但在他们控制波士顿的时

候，美国人则得到了别的地方。理查德·蒙哥马利领导一支美
军沿着尚普兰湖而上，在本尼迪克特·阿诺德围困魁北克时，占
领了蒙特利尔。弗吉尼亚的反叛民兵打败了英国正规军及他们
的保皇派盟军，迫使邓莫尔勋爵和皇家总督不得不登上一艘英
国军舰避难。在英国议会里，查尔斯·詹姆斯·福克斯提到，尽 31
管英军控制了波士顿，他们却被围困在那里及魁北克，他们的总
督从弗吉尼亚被放逐，美军还占领了蒙特利尔。他宣布，不论是
威廉·皮特、亚历山大大帝，还是尤利乌斯·恺撒，他们在所有
的战争中所赢得的土地，都没有诺斯勋爵一次战争中失去的土
地多。

在切萨皮克的船上，邓莫尔宣布了军事法令，让奴隶可以获得自由，只要他们起义反对他们反叛的奴隶主。这是孤注一掷的法令，但仍然威胁到蓄奴的弗吉尼亚人。一个南卡罗来纳人告诉约翰·亚当斯，一个英国军官答应“所有的黑人只要加入他的军队就可以获得自由”，这样可以迅速在佐治亚和南卡罗来纳征募到两万名黑人。“黑人有一种在他们内部交流情报的超凡技艺。可以在一周或两周之内传递出数百英里远”，尽管英国人明白，在解放奴隶的情况下，“托利派和辉格党都会失去他们的奴隶”，但并不希望在他们自己的西印度群岛上造成奴隶反叛，他们的制糖经济依赖当地的奴隶。

到了1775年年末的时候，英国在美国的统治崩溃了。国王宣布所有的殖民地都处于反叛状态，议会禁止了与这些殖民地之间的贸易，宣布他们不受英国保护，并威胁会抓捕任何出现在公海的美国船只。邓莫尔派了一支突袭队于1776年的第一天上岸，放火烧了诺福克。但禁止贸易和焚烧城市并不会恢复居民

们的忠诚。

这些将军能阻止叛乱吗？或者能有另一个和缓的、不向美国人征税的内阁代替诺斯勋爵吗？包围波士顿的民兵们是继续围困扛过冬天，还是将回自己家去？如果他们回家，他们会愿意在春天的时候回来继续围困吗？不管是反叛军还是英军，都无法
32 明确判断未来的形势。目标是和解还是镇压？或是宣布独立？

1776年1月的第二周，一本五十页的匿名小册子，对此做出了解释。《常识》有力地证明，殖民地联盟应该与英帝国决裂。美国人继续留在英帝国里的话，没有什么可以得到的，却可能失去一切。美国人拥有打败世界上军事实力最强国家的所有资源。小册子力争：独立不仅仅是可能，而是必须。

《常识》放眼未来，而不是过去。它并没有回忆自1763年以来的历史，或详述殖民地人民的不满。这场事业不仅仅是美国的。

> 太阳从未照耀过比这更加伟大的事业。“这不仅是一个城市、一个县、一个州或一个王国的事情；而是一片大陆——占地至少有地球可居住面积八分之一大。”这不只是关系到一天、一年或一代人；所有的子孙后代实际上都被卷进了这场较量，现在的行动或多或少都会影响到他们，甚至到时间的尽头……
>
> 噢！热爱人类的人们！敢于不仅仅反对暴政，更反对暴君的人们！起来吧！旧世界的每一处都充满了压迫。全世界都在追捕自由。亚洲和非洲很久之前就把她赶走了。欧洲把她看作外来者，英格兰发出警告让她离开。噢！接纳这一逃亡者，及时为全人类准备好一个避难所吧。

美国和英国必须分手。美国人不能继续和欧洲联系在一起。尽管英国政府比法国或西班牙的专制独裁要好一些，但它的君主制和贵族统治为人民充分享受人权设立了人为的障碍。美国人需要新的政府，它不是建立在欧洲过时的体系上，而是建立在美国人自己的理想之上。

“我们需要掌控它，重新开启世界。”“自从诺亚时期之后”
人们从未有过这样的机会。“一个新世界的诞生即将到来，在数 33
量上也许可以和整个欧洲匹敌的一群人，将从几个月里发生的
事件中获得他们的自由。”

截至3月，共有十二万册《常识》被卖出；到年底时，五十万本小册子正在印刷。作者并未能过久地保持匿名的身份。托马斯·潘恩一年前刚刚从英格兰过来，他有一段失败的婚姻，并有过失败的消费税官员的工作经历。凭着一封富兰克林的介绍信，他在费城找到一份工作，为杂志撰稿。他用《常识》一书改变了美国的政治动态。

当托马斯·潘恩作为一位匿名作者改变政治动态的时候，在新英格兰，一位不知名的前售书商，亨利·诺克斯则带来了军事动态的变化。如今他是一名华盛顿军队里的军官，1775年晚些时候，他历经辛苦，跋涉到提康德罗加要塞。利用租来的牛，诺克斯和他的部队拖着提康德罗加的重型火炮（艾伦和阿诺德春天缴获得来），穿过马萨诸塞的冰封道路及河流。他于2月将武器运抵坎布里奇的华盛顿部队。当华盛顿在坎布里奇的炮台从北面向波士顿开火时，约翰·托马斯将军，一名前医师，在1776年3月4日这个寒冷的夜晚，把大炮从罗克斯伯里运到多切斯特高地——克林顿曾于6月要求在此驻防。

当3月5日早上太阳升起时，豪和他的军队就看到前一天还是一片荒芜的山头出现了一座防御工事。预料到豪会攻打多切斯特高地，华盛顿于是问道，“波士顿人”是否同意在波士顿惨案纪念日的这一天——3月5日——允许英国人取得胜利？人们对攻击做好了准备，尽管它始终没有到来。

一场东北方向的暴风雪带来了大雪和狂风，使得英国人无
34 法进攻。认识到波士顿不是一个有效的赢回殖民地忠诚的基地，并唯恐又一次发生如邦克山那样惨痛代价的胜利，豪于是命令他的部队撤退。1776年3月17日，英国军队和舰队，跟几千名马萨诸塞保皇派一起离开了这座城市，市政府得以恢复。

华盛顿预计豪和他的部队会开往纽约。等最后一批英国士兵一登船，华盛顿就命令自己的部队向纽约进军，以夺取它的港口。豪和他的部队取道新斯科舍的哈里法克斯，在那里他们让一千多名流放的保皇派登岸，然后继续驶向纽约。

在英国部队从波士顿撤退的同时，亨利·克林顿正试着保存忠诚的佐治亚以及南北卡罗来纳。他于3月抵达北卡罗来纳，预期能与来自北卡罗来纳山麓地带的六千名苏格兰高地人会合。不过，他只分别见到了南北卡罗来纳的总督约西亚·马丁和威廉·坎贝尔勋爵，几个奴隶相随左右。六千名高地人已被反叛民兵在摩尔的溪桥打败——靠近今天北卡罗来纳的威明顿。马丁和坎贝尔要求去克林顿的船上避难，并向他保证南北卡罗来纳仍保持忠诚。克林顿把这两位总督放在一座小岛上，等待他们忠诚的人民起义，而他们的奴隶则捕鱼和找野生卷心菜来养活他们。

此时，克林顿收到来自伦敦的新指示。忠诚的南北卡罗来

纳不需要他了，一旦他得到查尔斯顿，就要回到波士顿去协助豪。克林顿认为这个计划“错误”而“荒唐”，因为佐治亚或南北卡罗来纳并没有足够的“政府的朋友”“在部队撤出后保卫他们自己”。他动员的所有保皇派在他离开时都将被牺牲掉；他和他的政府都不知道，豪已经放弃了波士顿。

克林顿6月起航驶往南卡罗来纳的查尔斯顿。他将先拿下防守薄弱的沙利文岛，这是通往查尔斯顿港口的一把钥匙。但恶劣的天气使他不得不待在海上，等到风和潮水终于转向的时候，反叛民兵已经在该岛布防。当地的情报员告诉克林顿，他的部队可以在潮水较低的时候从未设防的长岛涉水前往沙利文岛，那时候的潮水仅及膝盖。但事实证明，这一通道在低潮水的时候深达七英尺。冒着来自沙利文岛的密集炮火，克林顿的军队在水中苦苦挣扎，努力撤回到自己的船上。他们又试了一次想登上沙利文岛，但尽管他们的大炮重创了反叛军的防线，民兵们还是击退了他们。蒙羞且遭到卡罗来纳民兵耻笑的克林顿，只得出发与豪会合，此时豪已经在前往纽约的路上了。 35

英国的军事家们明白，他们需要的人远多过英国所能提供的数量。克林顿认为，俄国人很适合来美国打仗——英勇，适应各种气候，更重要的是，不可能逃跑，因为他们不会说英语。但叶卡捷琳娜大帝客气地回绝了，表示她不想暗示乔治三世不能解决自己的叛乱。于是英国又转向德国。作为汉诺威选侯，乔治三世将自己的五支德国军队借给作为英国国王的自己。这些军队代替了英国部队驻防在米诺卡和直布罗陀，而英国部队则驶往美国。汉诺威人待在欧洲，但从黑森-卡塞尔和不伦瑞克租借的部队去了美国。一万二千人——四分之一强壮的国民——

和三十二门大炮从黑森-卡塞尔出发去美国；黑森-卡塞尔的领主收下了这些士兵的报酬和费用，另加上按照他们服役的年数及返回家乡后第一年，每年十一万英镑的补助。不伦瑞克公爵则收取了派往美国为英国国王战斗的七千名不伦瑞克士兵服役期间每年一万五千英镑及返回家乡后两年的三万英镑补助。

失去了波士顿，美国人占领了蒙特利尔，总督们被原以为
36 忠诚的国民放逐，使得恢复美国殖民地更加地困难，但依然有可
能。英国人受到了惊吓，但并未被打败。美国人需要更多的武
器和船只来击败英德联军。但军事力量并未促进更多的忠诚和
善意。而美国人的目标仍然不明确。是要如托马斯·潘恩和约
翰·亚当斯所坚持的那样获得独立，还是英国议会撤回对他们
的入侵？第一个问题引起了更多其他的问题，以至于不太可行；
第二个问题看起来甚至更不可能，因为现在议会雇了德国雇佣
37 兵来执行它的意志。

第三章

独 立

“我渴望听到你已经宣布独立，”阿比盖尔·亚当斯1776年4月写信给她的丈夫约翰，“顺便提一句，在我猜测你将有必要制定的新《法律准则》中，我希望你能记得女性同胞们，希望你能比你的前辈们更加慷慨地对待她们，更照顾她们的利益。”她督促他“不要给丈夫们授予毫无限制的权力”，丈夫们在当时的法律下控制妻子们所有的财产。她督促她的丈夫要保护妇女免遭“邪恶而目无法纪的丈夫”伤害，他们在当时的法律下可以“凶残而轻蔑地”对待他们的妻子。

“请记住，任何人只要条件允许，都可以变成暴君。”她引用了一句知名的政治格言说道。尽管阿比盖尔的引用更多地指向男人们，而非整个人类。她警告道：“如果没有对女性们提供特殊的照顾和关心，我们会决心起来反抗，并将让我们自己不再受到任何法律的束缚，如果它们并没有替我们发声或代表我们。”

约翰从费城给予她回应，他和会议代表正在那里努力解决关于政府和独立的一系列问题，但他的回应并未使她满意。“对

你非凡的《法律准则》，我唯有发笑。我们已获知，我们的斗争
38 已大大缓解了各地政府的束缚。孩子和学徒们不再听话——学校和大学变得十分混乱——印第安人怠慢他们的保护人，而黑人则开始对他们的主人无礼。”但她的信揭示出，一个人数更多、更强有力的群体正在崛起，他认为这是受到了英国政府的煽动。“在鼓动起托利派、土地劳动者、机会主义者、顽固分子、加拿大人、印第安人、黑人、汉诺威人、黑森兵、俄国人、爱尔兰罗马天主教徒、苏格兰叛徒之后，最终英国政府刺激女性来争取新的特权并威胁要叛乱。”

他说，男人比废除他们的“男性统治体系”——他说这只是一个想象——知道得更多。这次交流体现出宣布独立将是多么复杂。美国人不仅仅在他们同英帝国的关系上，同时在政府的基础以及社会性质上，都要采取立场。为什么女性要服从于他们丈夫和父亲的专制统治呢？如果美国人宣称自由是一个基本的与生俱来的权利，为什么每五个美国人中就有一个人是奴隶呢？在一个新的政治社会中，北美土著或宗教反对者们应该拥有什么样的角色呢？宣布独立，尽管很难，但还是证明比解决这些随着独立而来的其他难题要简单一些。

到了1776年春天，英国的统治在所有殖民地都崩溃了。各州代表大会和安全委员会，主要由被暂停的殖民地议会的成员组成，行使了政府管辖的各项职责。但是，他们因为英国议会超越权限而反叛，所以这些人十分谨慎，避免越过自己的权限。他们被设立为临时机构——谁赋予他们收税或要求服兵役的权力呢？1775年年末，代表大会指示两个寻求指导的殖民地——南卡罗来纳，那里的白人少数种族需要一个政府来避免黑人多数

种族的叛乱，以及新罕布什尔——组建新政府。1776年5月10
日，它号召所有的殖民地成立新政府。纽约的威廉·杜安认为， 39
这一号召无异于“制造独立的机器”。

北卡罗来纳的代表大会指示它的代表们前来为独立进行投票，同时马萨诸塞各城市（除巴恩斯布特外）也于1776年4月就独立进行了投票。弗吉尼亚的代表大会5月决定，“这些联合的殖民地是且有权利应该是自由和独立的国家”。理查德·亨利·李于6月7日在代表大会做出上述提议，约翰·亚当斯支持了该提议。一些代表——被指示不要支持独立的纽约代表，以及特拉华的约翰·迪金森——则阻止了上述提议。为避免进行一场艰苦的争论，代表大会推迟了该投票。但它指定亚当斯、托马斯·杰斐逊、本杰明·富兰克林、康涅狄格的罗杰·谢尔曼和纽约的罗伯特·利文斯顿一起，共同起草一份宣言。

亚当斯从杰斐逊1774年写的《英属美利坚权利概观》，以及1775年的《拿起武器的原因和必要性之宣言》中了解到，这个弗吉尼亚人能够优雅而有效地阐述复杂的论点。这一宣言的目的不是为了开辟新的哲学领域，而是为了向代表大会中的每一个人以及他们所代表的各州人民提供一个根基。它必须清楚，没有争议，且完全与这个国家的主流态度保持一致。

该宣言的开头解释了这一文件的目的。一群人正准备同另一群人分开，并在世界各国之中取得自己的地位。他们在充分尊重世界上其他意见的基础上来阐述他们的理由，这始于一系列“不证自明”的事实——证明所有进一步行动合理性的基本假设。这些事实包括：所有人生来平等；所有人都拥有一些“不可剥夺的权利”，包括“生命、自由和追求幸福”；为了确保这些

40 权利，人们成立了政府，它的权力来自“被管理的人民的批准”；当一个政府开始侵犯而不是保护这些权利时，人民有权利改变政府，或废除它，成立一个新政府来保护自己的权利。这些都在一句话里进行了阐述。

第二句话表示，谨慎的人们不会为了“普通而短暂的原因”就改变一个政府，并且事实上，人们更可能选择受苦也不愿改变他们传统的体系。但是，当“长期的”暴政显示出这个政府在试图“把他们压迫在绝对的专制中”，人民就有权——实际上，是责任——“推翻这样的政府”，并成立一个新政府来保护他们的基本权利。

在解释了政府变得专制之前有权推翻它之后，该宣言列举出英国政府做出的令人不得不反叛的各项举动。这些不满并不令人惊讶：自1764年起，殖民者们就开始抗议英国议会通过的一系列法律——《糖税法》、《印花税法》、《宣言法》、汤森德系列税法、《驻营法》、《茶叶税法》、《波士顿港口法》、《魁北克法》、《禁止法》。但该宣言将批评的矛头从议会转向国王。事实上，“议会”从未被提及。所有的一切都指向国王，二十七条指控的每一条都以“他”开头。

国王拒绝批准他们的议会通过的法律，使法官们依赖于国王发放的薪水，在和平时期保持常备军，在平民家中驻军，“通过虚假审判”保护这些士兵逃避他们杀害普通居民“所应接受的惩罚”。这一条指向“波士顿惨案”，有一点讽刺，因为约翰·亚当斯曾是这一“虚假审判”的被告律师。不满的清单仍在继续：国王切断了殖民地贸易；他建立起魁北克政府，或者，按该宣言所说的，废除了那个州的“英国法律的自由体系”（它最近才刚

刚被引入英国法)。他取消了殖民地的许可证，关停了它们的立 41
法机构。他宣布美国人民不再受到他的保护，并“大肆掠夺我们的海域，蹂躏我们的沿海地区，焚烧我们的城镇，残害我们人民的生命”，现在还派来“大批的外国雇佣兵，要把这里变为死亡、废墟和暴政之地”，同时，好像这一切还不够，他还唆使殖民地各处的武装奴隶和“残酷无情、没有开化的印第安人——他们众所周知的战争规则就是不分男女老幼，一律格杀勿论——发起叛乱”。

代表大会删去了杰斐逊草稿中的最后一个指控，即指控国王发动了“违背人性的残酷战争”，通过在遥远的另一半球强制执行奴隶制，触犯了“遥远的、从未冒犯过他的人民”拥有的生命和自由这些神圣的权利。非洲奴隶贸易，“这一海盗战争”，是“英帝国基督教国王”的耻辱政策，他“下定决心要坚持开放买卖人口的市场”，否决了他们试图“限制这一卑劣贸易”的努力。

关于奴隶贸易的这一段，比其他任何关于国王的指控都要长得多。它最后以一个相关却完全不同的指控作为结论。国王不仅仅强迫美国人民购买奴隶，他现在还试图让这些被错误对待的人们“在我们当中拿起武器起义”，通过杀害被国王强迫购买男女奴隶的美国人，赢回他们“被国王自己剥夺的”自由。杰斐逊指控国王，他让一些人(被奴役的)去杀害另一些人(殖民者们)，以此来为他自己剥夺奴隶自由的罪行赎罪。代表大会删去了关于奴隶制和奴隶贸易的这一整段。

在列出这些指控后，该宣言坚持认为，美国人民关于改善的请愿只得到了不停的伤害作为回应。“一个王子，他的品格被他

每一个符合暴君定义的举动打上了烙印，已不配再做自由人民的
42 统治者。”过了若干年，亚当斯认为，也许他们不该把乔治三世称为暴君。乔治三世，立志要做一个“爱国之君”，为这个标签感到难过。但他个人并不该受到责备。美国人已就英国“立法机构”（指英国议会）试图“对我们实行无理的管辖权”向英国人发出了“呼吁”。但英国人对“这来自正义和同族同胞的声音”充耳不闻，所以美国人别无选择，只能“与他们脱离，并且以对待世界上其他民族一样的态度对待他们：战即为敌；和则为友”。

鉴于上述理由，该宣言宣布，联合的殖民地“是且有权利应该是自由和独立的国家”，取消一切对英国王室效忠的义务。它的结论即宣布殖民地人民与大不列颠国家之间的所有联系全部取消。

代表大会于7月2日投票支持了独立；两天后，它通过了该宣言。印刷商约翰·邓拉普在全国范围内发行了五百本册子。在最上面印着：“1776年7月4日，于大陆会议”。这一文件以“美利坚合众国代表在大陆会议全体会议上的宣言”为名。用粗体显著印出的是“美利坚合众国”，它首次出现在印刷物中。这个新的国家有了自己的名字。

当费城人民于7月8日收到宣布独立的消息时，他们敲响了大钟，放起了礼炮。民兵列队游行，并拆毁了象征皇权的标志。在全国各地，当人们在公开集会上听到诵读宣言后，他们的反应十分一致，敲大钟，放礼炮，拆下皇权标志。7月9日，华盛顿在纽约向他的军队诵读了宣言。于是，他的士兵和纽约人民一起，拽倒了乔治三世的雕像，并把它切成碎片。妇女们——包括纽
43 约妇女和随军妇女——熔化了国王雕像，做成子弹。

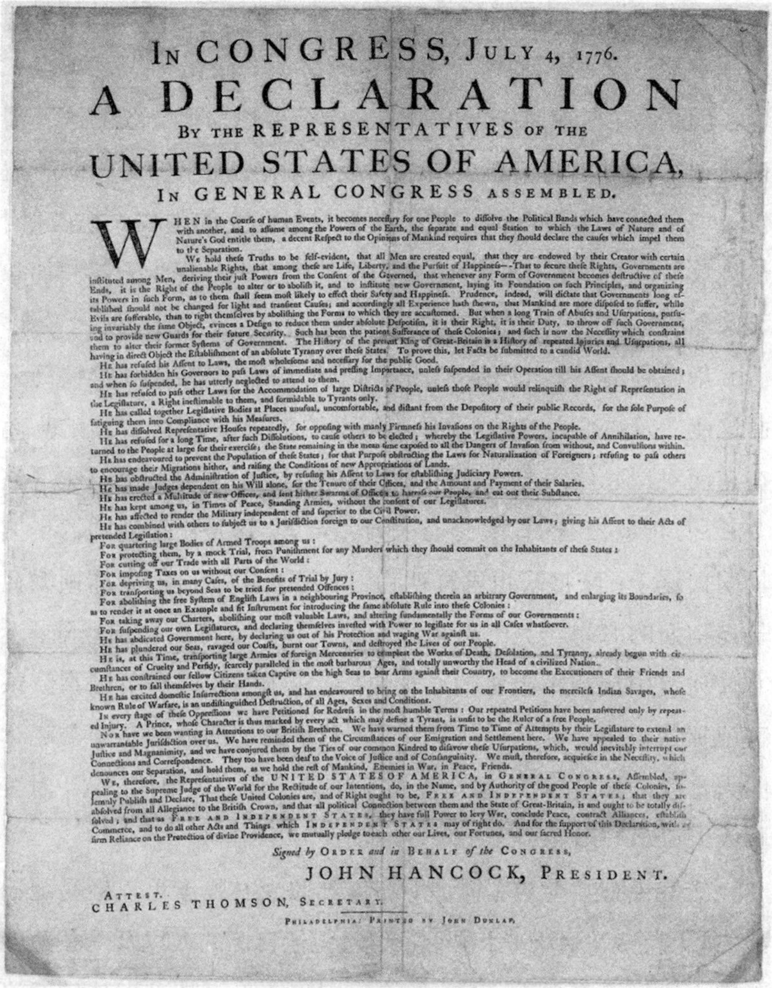
IN CONGRESS, JULY 4, 1776.

A DECLARATION

BY THE REPRESENTATIVES OF THE

UNITED STATES OF AMERICA,

IN GENERAL CONGRESS ASSEMBLED.

WHEN in the Course of human Events, it becomes necessary for one People to dissolve the Political Bands which have connected them with another, and to assume among the Powers of the Earth, the separate and equal Station to which the Laws of Nature and of Nature's God entitle them, a decent Respect to the Opinions of Mankind requires that they should declare the causes which impel them to the Separation.

WE hold these Truths to be self-evident, that all Men are created equal, that they are endowed by their Creator with certain unalienable Rights, that among these are Life, Liberty, and the Pursuit of Happiness—That to secure these Rights, Governments are instituted among Men, deriving their just Powers from the Consent of the Governed, that whenever any Form of Government becomes destructive of these Ends, it is the Right of the People to alter or to abolish it, and to institute new Government, laying its Foundation on such Principles, and organizing its Powers in such Form, as to them shall seem most likely to effect their Safety and Happiness. Prudence, indeed, will dictate that Governments long established should not be changed for light and transient Causes; and accordingly all Experience hath shewn, that Mankind are more disposed to suffer, while Evils are sufferable, than to right themselves by abolishing the Forms to which they are accustomed. But when a long Train of Abuses and Usurpations, pursuing invariably the same Object, evinces a Design to reduce them under absolute Despotism, it is their Right, it is their Duty, to throw off such Government, and to provide new Guards for their future Security. Such has been the patient Sufferance of these Colonies; and such is now the Necessity which constrains them to alter their former Systems of Government. The History of the present King of Great-Britain is a History of repeated Injuries and Usurpations, all having in direct Object the Establishment of an absolute Tyranny over these States. To prove this, let Facts be submitted to a candid World.

HE has refused his Assent to Laws, the most wholesome and necessary for the public Good.

HE has forbidden his Governors to pass Laws of immediate and pressing Importance, unless suspended in their Operation till his Assent should be obtained; and when so suspended, he has utterly neglected to attend to them.

HE has refused to pass other Laws for the Accommodation of large Districts of People, unless those People would relinquish the Right of Representation in the Legislature, a Right inestimable to them, and formidable to Tyrants only.

HE has called together Legislative Bodies at Places unusual, uncomfortable, and distant from the Depository of their public Records, for the sole Purpose of fatiguing them into Compliance with his Measures.

HE has dissolved Representative Houses repeatedly, for opposing with manly Firmness his Invasions on the Rights of the People.

HE has refused for a long Time, after such Dissolutions, to cause others to be elected; whereby the Legislative Powers, incapable of Annihilation, have returned to the People at large for their exercise; the State remaining in the mean time exposed to all the Dangers of Invasion from without, and Convulsions within.

HE has endeavoured to prevent the Population of these States; for that Purpose obstructing the Laws for Naturalization of Foreigners; refusing to pass others to encourage their Migrations hither, and raising the Conditions of new Appropriations of Lands.

HE has obstructed the Administration of Justice, by refusing his Assent to Laws for establishing Judiciary Powers.

HE has made Judges dependent on his Will alone, for the Tenure of their Offices, and the Amount and Payment of their Salaries.

HE has erected a Multitude of new Offices, and sent hither Swarms of Officers to harrass our People, and eat out their Substance.

HE has kept among us, in Times of Peace, Standing Armies, without the consent of our Legislatures.

HE has affected to render the Military independent of and superior to the Civil Power.

HE has combined with others to subject us to a Jurisdiction foreign to our Constitution, and unacknowledged by our Laws; giving his Assent to their Acts of pretended Legislation:

FOR quartering large Bodies of Armed Troops among us:

FOR protecting them, by a mock Trial, from Punishment for any Murders which they should commit on the Inhabitants of these States:

FOR cutting off our Trade with all Parts of the World:

FOR imposing Taxes on us without our Consent:

FOR depriving us, in many Cases, of the Benefits of Trial by Jury:

FOR transporting us beyond Seas to be tried for pretended Offences:

FOR abolishing the free System of English Laws in a neighbouring Province, establishing therein an arbitrary Government, and enlarging its Boundaries, so as to render it at once an Example and fit Instrument for introducing the same absolute Rule into these Colonies:

FOR taking away our Charters, abolishing our most valuable Laws, and altering fundamentally the Forms of our Governments:

FOR suspending our own Legislatures, and declaring themselves invested with Power to legislate for us in all Cases whatsoever.

HE has abdicated Government here, by declaring us out of his Protection and waging War against us.

HE has plundered our Seas, ravaged our Coasts, burnt our Towns, and destroyed the Lives of our People.

HE is, at this Time, transporting large Armies of foreign Mercenaries to compleat the Works of Death, Desolation, and Tyranny, already begun with circumstances of Cruelty and Perfidy, scarcely paralleled in the most barbarous Ages, and totally unworthy the Head of a civilized Nation.

HE has constrained our fellow Citizens taken Captive on the high Seas to bear Arms against their Country, to become the Executioners of their Friends and Brethren, or to fall themselves by their Hands.

HE has excited domestic Insurrections amongst us, and has endeavoured to bring on the Inhabitants of our Frontiers, the merciless Indian Savages, whose known Rule of Warfare, is an undistinguished Destruction, of all Ages, Sexes and Conditions.

IN every stage of these Oppressions we have Petitioned for Redress in the most humble Terms: Our repeated Petitions have been answered only by repeated Injury. A Prince, whose Character is thus marked by every act which may define a Tyrant, is unfit to be the Ruler of a free People.

NOR have we been wanting in Attentions to our British Brethren. We have warned them from Time to Time of Attempts by their Legislature to extend an unwarrantable Jurisdiction over us. We have reminded them of the Circumstances of our Emigration and Settlement here. We have appealed to their native Justice and Magnanimity, and we have conjured them by the Ties of our common Kindred to disavow these Usurpations, which, would inevitably interrupt our Connections and Correspondence. They too have been deaf to the Voice of Justice and of Consanguinity. We must, therefore, acquiesce in the Necessity, which denounces our Separation, and hold them, as we hold the rest of Mankind, Enemies in War, in Peace, Friends.

WE, therefore, the Representatives of the UNITED STATES OF AMERICA, in GENERAL CONGRESS, Assembled, appealing to the Supreme Judge of the World for the Rectitude of our Intentions, do, in the Name, and by Authority of the good People of these Colonies, solemnly Publish and Declare, That these United Colonies are, and of Right ought to be, FREE AND INDEPENDENT STATES; that they are absolved from all Allegiance to the British Crown, and that all political Connection between them and the State of Great-Britain, is and ought to be totally dissolved; and that as FREE AND INDEPENDENT STATES, they have full Power to levy War, conclude Peace, contract Alliances, establish Commerce, and to do all other Acts and Things which INDEPENDENT STATES may of right do. And for the support of this Declaration, with a firm Reliance on the Protection of divine Providence, we mutually pledge to each other our Lives, our Fortunes, and our sacred Honor.

Signed by ORDER *and in* BEHALF *of the* CONGRESS,

JOHN HANCOCK, PRESIDENT.

ATTEST.
CHARLES THOMSON, SECRETARY.

PHILADELPHIA: PRINTED BY JOHN DUNLAP.

图3 1776年7月4日的《独立宣言》首份印刷件，关于美国人民反叛之理由。这份文件创立了一个国家，它的生日是7月4日，名字是美利坚合众国

他们将需要子弹。当这份宣言在曼哈顿被传阅时，三万人的英国军队，欧洲有史以来被派往海外的最大军事力量，将要在斯塔顿岛登陆。华盛顿明白，他的新英格兰士兵们武装落后，训

44 练不足，无法保卫纽约抵御威廉将军率领的军队，以及他的兄弟海军上将理查德·豪爵士所领导的海军的攻击。华盛顿现在也了解到，美军在加拿大失利了。沿圣劳伦斯河一线的法军清楚地记得反对他们的新英格兰的战争，以及能干的英国总督盖伊·卡尔顿爵士集合他们突破美军对魁北克的围攻，并在三河镇打败了他们。到6月底，筋疲力尽的美军——深受天花和加拿大寒冬的折磨——从蒙特利尔撤军。

华盛顿清楚，纽约是无法防御的。为了控制住曼哈顿岛下面这座二万二千人的城市，他不得不控制布鲁克林，那里的高地在东河对岸隐约可见。为了掌控布鲁克林，他又不得不保卫整个长岛，但既没有船，又只有一万九千人，这是不可能的。华盛顿明白这个；豪将军也同样明白。他于8月22日把克林顿派往长岛南面的海岸。美国保皇派们聚集起来支持克林顿登陆；没有任何美国反叛军阻止他。很快，克林顿的德国和英国军队杀害或抓捕了一千四百名美国士兵，剩下的逃回他们在布鲁克林的大本营。长岛战役，整个美国革命史上最大规模的战斗，对美国人来说是一场灾难。

华盛顿有一半的军队此时陷在布鲁克林。豪可以轻易地捣毁、剿灭反叛军。但是，由于希望避免他自己的人以及受蒙蔽的美国人出现不必要的伤亡，他决定围攻布鲁克林。克林顿建议他在华盛顿的曼哈顿军队逃进布朗克斯之前，夺取哈莱姆河上的国王桥。但豪对曼哈顿下城更感兴趣，他兄弟的船只可以在那里停泊，同时可以进行调停。

海军上将豪在抵达斯塔顿岛时写信给富兰克林，建议他们见面商量调停。他回忆起他们曾于1774年在凯瑟琳·豪的伦敦

家里见面下棋，讨论过维护富兰克林称之为“精美高贵瓷瓶一样 45
的英国王朝”的方式。富兰克林此时表示，调停已不可能，他希望两国——而不是一国之内的人民之间——能够维持和平。他建议豪辞去他的职务，不要继续一场他清楚既不明智又不正义的战争。

但这是在长岛大溃败之前。豪把被俘的美国将军约翰·苏利文派往费城，让他向大陆会议提议派人来商议调停。苏利文激动万分地汇报说，豪可以撤销《宣言法》。约翰·亚当斯反对与豪进行磋商，希望“我们（驻长岛的）军队在溃败那天发出的第一颗子弹就打进（苏利文的）脑袋里”。大陆会议派出了亚当斯、富兰克林和爱德华·拉特利奇去斯塔顿岛见海军上将。

在他们前往斯塔顿岛的路上，新泽西境内美国军官和士兵“掉队和四处闲荡”，这些“轻率的损耗”让亚当斯备受打击。他们在会见豪时勇敢应对，把豪派去作为人质的军官一起带到斯塔顿岛，在新泽西海岸等候。豪看到此景脸色明亮起来，他告诉美国人，他们的信任“是最为神圣的”。

这是此次三小时会面的最好时刻。豪拿出了“好红酒、好面包、冷火腿、舌头和羊肉”，但他表示，他仅把他的客人们看作很有影响力的市民，而不是国会代表。“尊贵的阁下可以按您的意愿来看待我，”约翰·亚当斯飞快地回答，“事实上，在一些场合，我愿意把我自己看作任何可以令阁下愉快的角色，只除了英国臣民之外。”

“亚当斯先生是一个果断的人。”豪对富兰克林和拉特利奇说道。他们回答道，他们就是来倾听的。豪强调了他的建议——如果美国人继续对国王效忠的话，国王可以赦免他们反 46

叛的罪行。（亚当斯后来了解到，这一赦免并不包括他自己。）拉特利奇大声地说：在经历了两年的无政府状态之后，各州已建立起新的政府；现在进行调停已经太迟了。

豪为马萨诸塞州纪念他兄弟的威斯敏斯特教堂纪念碑表达了他个人的感谢之情，他现在"看待美国就像自己的兄弟一样，所以如果美国遭遇了失败，他会感到哀痛，就好像失去自己的兄弟"。

"我们会尽自己最大的努力，"富兰克林微笑地鞠躬，向他保证，"不让阁下您受到这样的屈辱。"

外交官们渡河返回新泽西，豪也准备好击溃华盛顿的军队。一场猛烈的暴风雨阻止了对布鲁克林军营的袭击，接着一场浓雾让华盛顿军队能够渡过东河。他们现在有机会逃往新泽西或沿着哈德孙河而上，但国会希望他们控制纽约。当那几位特派员从斯塔顿岛上离开后，豪的军队就开始对华盛顿在曼哈顿的前线发起了进攻。四天后，豪和他的英国军队占领了纽约，这里将成为他们今后七年的大本营。

华盛顿控制着曼哈顿北角的哈莱姆高地（如今的华盛顿高地），他的军队在哈德孙河两岸建起了华盛顿要塞和李要塞。但盖伊·卡尔顿此时从加拿大南下，捣毁了美国军舰，试图控制尚普兰湖。至10月中旬，卡尔顿夺取了克朗波因特，离提康德罗加只有十几英里远。提康德罗加可以使他能够控制哈德孙河，并且能让华盛顿陷入他的加拿大军队以及豪在纽约的军队的合围之中。

"一支像这种反叛军一样组成的军队，"克林顿写道，"一旦感觉到自己的处境是如此危在旦夕，就再也不可能恢复了。"英

国的策略就是摧毁美国人对自己和对华盛顿的信心。“它失去对 47
自己主帅的信任；一旦它的后方受到威胁，它就会发抖战栗。”

英国军队沿着东河而上，穿过“地狱之门”的湍急水流——他们预计会在这次危险的行动中失去几百名士兵，但实际上只损失了两艘船——然后他们的部队在“窄颈大桥”上岸。他们如今可以通往韦斯切斯特县，将华盛顿围困于哈莱姆。华盛顿离开哈莱姆，来到白原市，他们曾于10月在这里受到英国的进攻，他手上剩余的一万一千人的部队被挤进了一条狭窄的被哈德孙河和哈莱姆河分隔开的地带，位于哈莱姆和皮克斯吉尔之间。华盛顿渡河来到新泽西的哈肯萨克。

豪派出查尔斯·康沃利斯将军去保护新泽西的保皇派农场主，他需要这些人为他的纽约部队提供补给；尽管克林顿建议拿下费城，豪反而将他派往罗得岛纽波特——和纽约附近的河不同，纳拉干西特湾很少结冰，他的军舰需要一个可以过冬的场地。这一年年初时，华盛顿包围了驻波士顿的英国军队；到了年尾，他自己却被围困在韦斯切斯特，而豪的部队则信心满满地等着卡尔顿和他的加拿大军队沿着哈德孙河而下，彻底终结美国军队和此次叛乱。

但卡尔顿却没有来。本尼迪克特·阿诺德在尚普兰湖建了一支带炮艇的军舰，让卡尔顿无法抵达提康德罗加。卡尔顿的军事经验告诉他，不要将自己的供给线拉得过长；他的长期加拿大经历教会他，不要在克朗波因特过冬。于是他11月撤回了加拿大。

即使没有卡尔顿，豪也将剩余的美国军队赶出了曼哈顿。约翰·戈特利布·拉尔的黑森雇佣兵于12月16日占领了华盛

48 顿要塞，并俘虏了将近两千人。两天后，他们渡过哈德孙河，将美国人从李要塞赶走。“反叛军像受惊吓的兔子一样逃跑了，”一名英国军官写道，“留下一些烂猪肉，一堆谄媚的公告，还有那群卑鄙的‘常识’人写的信；既然我们已经将部队开进了华盛顿先生号称‘无法攻克的阵地’之一，这些信在我们娱乐的时候就可以拿出来读一读。”

潘恩在李要塞加入了军队，是这支人数急剧减少的军队里少有的新兵。华盛顿在纽约时拥有一万九千人；当他到达特拉华时，只剩下不到三千人还跟着他。赶在康沃利斯之前，他征用了特拉华的新泽西岸边所有的船只，渡河来到宾夕法尼亚。大陆会议逃往巴尔的摩。

在华盛顿横渡特拉华河撤退时，英国人抓住了查尔斯·李，这是英国人唯一承认的美国将军。李曾是英军中的一名将军，同豪和康沃利斯一样，他同情美国人的事业。与他们不同的是，他于1776年辞职并加入了美军。因为他曾是英国军官，英国人和美国人都十分看重他，远远高于他应有的地位。他曾缓慢地努力与华盛顿会合，但在12月13日早上，他被耽搁了，当时他仍穿着晨袍，在一家新泽西的小酒馆里告诉聚集的人群华盛顿有多无能，突然一支英国巡查队于十一点出现了，打断了这次集会。把华盛顿赶出纽约和新泽西，还抓住了李之后，豪的部队可以好好度过这个冬天了。豪派驻卫兵保卫新泽西，派遣黑森兵占领特伦顿，同时将他的大部分兵力迁入纽约的冬季驻兵营。康沃利斯准备启航返乡，非常确信反叛军已被瓦解，战争将于春季前结束。

豪派驻卫兵保护保皇派们，但黑森兵和英国士兵并非很好的保护者。他们将所有的美国人都看作反叛军，所以黑森兵和部分英国士兵残暴地对待平民，强奸妇女，偷盗财物。保皇派的新泽西人于是开始反抗黑森军队。 49

“我们要告诉未来的世界，在这严酷的现实面前，希望和善良依然存在，城市和乡村都存在共同的生存危机，勇往直前地迎接挑战，战胜它吧。”当人数渐少的队伍穿越新泽西逃亡时，托马斯·潘恩写下了这段话。

“现在是考验人们灵魂的时刻了。精壮的战士和乐天的爱国者，在这样的危机中，也会怯于为他的国家服务；但今天能坚持战斗的人应当能得到所有人的爱戴和感激。暴政，如同地狱，并不容易攻克……上天很清楚该为他的物品标注一个合适的价格；像自由这样值得人们尊敬的东西如果没有高昂的标价反而是一件非常奇怪的事。”

潘恩回忆起安博的一位小酒馆老板谈及政治，当时他的孩子就在旁边。这位父亲总结道：“噢，让我们这代人享受和平吧！”潘恩对此非常愤怒。这人根本不配做一个父亲——“一位慷慨大度的父母应该说，‘如果一定要有麻烦，让它发生在我们这代人身上吧，那样我的孩子就可以享受和平’。”

潘恩忽略掉了纽约的损失。他提醒新泽西的民众们，曾经入侵法国的英国军队，遭遇了由一位法国女人——圣女贞德召集的乡众们，“被惊恐万分地赶了回去”。“这美好的景象也许会激励一些泽西少女去鼓动起她们的乡亲，拯救她们无辜的受苦同胞，免遭蹂躏和强夺！”

潘恩的这番话并不是写给军队领袖或国会代表们的。他是写给美国普通老百姓看的。这并非是华盛顿个人或国会的事业，而是他们每一个人的。“不要只是几千人而是要几万人站出来；抛弃非天意赋予的重负，并坚定你们的信念，上帝会保佑你们成功的。”这是他们的危机——这将是他们的损失，或他们的机会。潘恩悄悄地潜进费城，将这本小册子以《美国危机》为
50 名进行印刷。正如一个夏日在纽约召集人们聆听《独立宣言》那样，华盛顿在这个费城的冬天再一次召集人们倾听《美国危机》。他知道他的队伍正在不断减少。这些仍在军队的士兵也将在1月第一周他们的服役期满后回家。春天来临时，不会有更多的人加入进来。如果他现在不采取行动，他将再也没有机会了。

在一场圣诞夜的暴风雪中，华盛顿派出二千四百名士兵乘着被浮冰包围着的船只横渡特拉华河。黎明刚过，他们就袭击了特伦顿的黑森兵营。通过这次迅疾且计划周全的行动，华盛顿的队伍俘虏了超过九百名黑森雇佣兵。

这次出色的军事打击震惊了豪，也唤醒了新泽西。在特伦顿，华盛顿的军队缴获了许多马车，装满了黑森兵从新泽西人家里抢来的战利品和他们原打算带回家的纪念品，他们把这些财物还给了它们的主人。特伦顿的胜利吸引了更多的人加入华盛顿的队伍。它还让宾夕法尼亚和新泽西的民兵开始在普林斯顿与新不伦瑞克之间的路上巡逻并设置埋伏。

华盛顿释放了九百名俘虏，把他们送往波托马克河和谢南多厄河的谷地，让他们远离战场。许多人在战争结束后仍一直待在那里，而不愿再回到黑森-卡塞尔领主的领地去。国会明白，丰沃的美国土地，免于做雇佣兵，很可能会吸引其他德国人，所以他们向逃兵提供土地封赏，并把封赏令用德语印在卡片上，

放在纽约售卖的烟草袋里。

康沃利斯原已登上一艘准备开往英国的船了，但他又重新上岸，带领一万士兵穿过新泽西。1777年元旦的晚上，他抵达了普林斯顿。率领着比华盛顿壮大很多的队伍，他计划第二天攻打特伦顿。但美国步兵干扰了他的行进，在他们前进时瞄准他 51
们的军官开火。1月2日，当日头西沉时，康沃利斯抵达了特伦顿。他让他的军队靠近阿森皮克湾的北岸，向在南岸处于防守状态的美军展示他们兵力上的巨大悬殊。第二天，他们就会彻底摧毁华盛顿的军队。康沃利斯命令他疲惫的士兵休整。一名军官督促康沃利斯立即发起进攻——“如果你今晚信任这帮人，

图4　德国艺术家埃玛纽埃尔·洛伊茨于1848年欧洲革命那一年开始创作这幅华盛顿横渡特拉华河的英雄画像，画像高十二英尺，长二十一英尺。华盛顿和他的构成多样化的队伍——来自偏远地区的农民和城市里的绅士，新英格兰的黑人水手，一名印第安土著，还有一位中性打扮、应该是女性的人物——乘船横渡艰险的河流。洛伊茨希望以华盛顿和美国独立事业为例，激励欧洲人民。亨利·詹姆斯将洛伊茨于1851年寄往美国的一幅复制品称为“划时代的巨作”；原作留在德国，1942年被英国轰炸机炸毁

你明早将会一个人都看不到了。”据说康沃利斯回答道：“这只‘老狐狸’已是我们囊中之物了。我们明早会过去把他抓住。”

这只“老狐狸”和他的军官们讨论了他们明显的两难境地——他们即将被康沃利斯的部队击溃。华盛顿征求建议。当
52 地人告诉阿瑟·圣克莱尔，一名美国军官，有一条通往普林斯顿的小路。他们的队伍可以在黎明前抵达那里，袭击英军的后方，并控制住返回新不伦瑞克的路。华盛顿命令五百人守住特伦顿，保持不间断的火力，并大声地挖沟渠，修筑防御工事。他自己则领导着剩余的队伍悄悄地沿着那条小路前往普林斯顿。

黎明刚过，正当康沃利斯准备最终摧毁华盛顿在特伦顿的兵力时，美国军队却在普林斯顿突袭了英军。尽管惊呆的英军回过神来，反击了美军的进攻，但华盛顿于此时到达，召集起他的人（一名士兵汇报说他闭上眼睛，这样就不会看见华盛顿倒下），指挥着队伍冲进普林斯顿。

在特伦顿，康沃利斯听到西北部传来遥远的枪弹声。他命令队伍掉头向普林斯顿前进。在他抵达的时候，华盛顿和他的队伍已经打败了英军的后防并向东转移，目标对准英军的供给马车，或者甚至是新不伦瑞克大本营。但由于他的士兵经历了不断的行军、打仗、再行军，已筋疲力尽，华盛顿明白他必须保存自己的实力，于是转向北方，要夺取莫里斯敦的冬季驻兵营。

康沃利斯并没有追击他。他现在十分忌惮于华盛顿的实力和他的战术。尽管在长岛、曼哈顿、白原、哈莱姆和李要塞被一次次打败，并在新泽西撤退中遭受羞辱，华盛顿和他的军队却一再卷土重来。康沃利斯安排自己的人保卫新不伦瑞克和安博，并从新泽西的驻兵点派出搜寻队为纽约的部队提供补给。华盛

顿的队伍和新泽西民兵袭击了这些搜寻队，1月至3月间，他们杀死、打伤或俘虏了超过九百人，有效削弱了英军的实力，正如同特伦顿和普林斯顿战役粉碎了英军战无不胜的信念。 53

豪和克林顿被派往美国是为了通过军事手段实现一个政治目标——和解。华盛顿则通过政治手段，即在他的军队所保护的男人和女人们中间培养对他的支持，来确保实现他的军事目标——胜利。他知道自己的军队不能保住领土。只有住在这个国家里的男人和女人们才能做到。 54

第四章

独立战争

巴尔的摩出版商玛丽·凯瑟琳·戈达德于1777年1月出版了《独立宣言》的一个新版本，首次记载了签署者的名字。这些人是秘密签字的，但玛丽·凯瑟琳·戈达德如今把他们记录了下来。尽管战争的发展时好时坏，但他们都不能否认他们的忠诚。决定已经做出了。

这场战争是为了美国的独立。但美国人还需要法国的军事支持。富兰克林1776年10月乘船前往法国，12月到达巴黎，受到了热情而喧闹的接待。“几乎每一个农民或市民、仆人、马车夫、侍从、太太们的管家、厨房里的厨子，都认为他是人类的朋友。”约翰·亚当斯如此写道。

戏剧家博马舍成立了一家皮包公司向美国出口毛瑟枪和火药，国王路易十六偷偷地贷给他一百万里弗（合二十万美元）。一万一千支法国毛瑟枪以及一千桶火药于1777年抵达美国；到1783年为止，法国共向美国提供了价值四千八百万英镑（约合
55 今天的十四亿美元）的物资和武器。

图5　本杰明·富兰克林被引荐给法国国王路易十六，他已承认了美国独立，并于1778年3月向英国宣战　56

武器是非常重要的；法国军官却是个问题。渴望有机会与英国人开战，并获得比在西印度群岛驻防更多的乐趣，法国军官们纷纷寻求美国的军职。美国人需要技师，但其他的军官对他们来说就很讨厌，如果还谈不上是危险的话。法国炮兵军官菲利普·夏尔·特龙松·杜库德雷坚持要求担任负责管理炮兵和技师的少将一职。他还要求自己的职位必须高于除华盛顿之外的所有美国人，并为他的随行人员支付工资——包括一名秘书、一位设计师、三个仆人、六位船长，还有十二名副官。塞拉斯·迪恩——他在富兰克林抵达之前负责处理美国在巴黎的事务——同意了他的要求，因为杜库德雷向他保证，会再带一百名法国军官加入美国的战争。

再来一百个像杜库德雷这样的军官，这令亨利·诺克斯、纳撒尼尔·格林和约翰·苏利文很不高兴，他们威胁说如果杜库德雷做了他们的上级，他们就要辞职。国会为他们的自私自利和干涉人民代表的行为批评了他们，但并不愿他们辞职，于是国会另外授予了杜库德雷监察长一职。他恼怒地拒绝了，坚称自己必须担任少将，与华盛顿职位相当。杜库德雷还愤怒地拒绝了一位费城摆渡人让他下马登船，渡过斯古吉尔河的建议。法国将军绝不能听从摆渡人的命令。开动的船只吓坏了他的马，于是马跳下船，把他淹死了。“杜库德雷先生的死，给国会带来了许多安宁。”约翰·卡尔布如此写道。

卡尔布是一名出生于巴伐利亚的法国老兵，他1777年7月随着富有的年轻绅士马利·约瑟夫·保罗·德·拉斐特——法国驻英国大使的外甥——一起抵达。拉斐特还未满二十岁，但已热心于美国的事业。他到访伦敦造成了轰动——“我们都

在谈论拉斐特侯爵”，历史学家爱德华·吉本1777年春天这样
写道。他会见了亨利·克林顿将军和杰曼勋爵（国王的军事大
臣），甚至还见到了国王乔治三世，国王邀请他检阅了海军防御 57
工事。但拉斐特回到了法国，购买并配备了一艘船，避开了法国
国王对他发出的追捕令（路易十六知道，让这样一位重要人物公
开地前往美国将会带来英国方面的麻烦），溜出了法国。

拉斐特和他的随行队伍在南卡罗来纳登陆，向费城前进，此时国会正为了法国将军们力争军衔和薪资而厌烦不已。国会并没有让他进入大楼。他们派来了詹姆斯·洛弗尔，他是国会成员，会说法语（他曾在波士顿的拉丁学校担任过老师），想把拉斐特送走。但拉斐特非常坚决。他问是否可以直接和国会对话。考虑到如果第二天给他五分钟也不会有什么影响，国会准许他再次回来。他充分利用了这次机会，用英语列举了他为了来美国所经历的各种困难及巨大花销，并总结道：“在经历过这些牺牲之后，我有权要求以下两点支持：一、我自费为你们服务；二、首先以志愿者的身份为你们服务。”

一位法国军官愿意为美国服务，而不是指挥，这是一件新奇的事情。几天之后，拉斐特见到了华盛顿，他们建立了专业的共识和友谊。此时，国会也接到了富兰克林对于拉斐特的政治重要性的推荐书，所以允许他待下来。

战争到了此刻发生了一次新的转折，英国又采取了新的策
略。约翰·伯戈因将军建议加拿大采取行动，通过掌控尚普兰
湖和哈德孙河，切断新英格兰与外界的联系。他为重振卡尔顿
的战略提出了理由，并用吓唬的方式让英国内阁接受了。伯戈
因“承诺要一跳、二迈步、三跨越地穿越美国”，英国小说家贺拉 58

图6　约翰·伯戈因将军招募了易洛魁人，帮他实现取道加拿大开进纽约的计划

斯·沃波尔写道，他更欣赏豪的温和。“就算他什么都没有做，至少豪遵守了自己的诺言。”

伯戈因带着四千名英军和三千名不伦瑞克士兵到了加拿大。当卡尔顿总督知道伯戈因此次前来是为了完成他前一年用更少的兵力几乎已做成的事情时，他辞职了。国王拒绝了卡尔顿的辞职，这位总督于是征募了加拿大民兵和物资，帮助伯戈因的队伍抵达尚普兰湖。

豪并没有被告知这一新策略，也不知道他将要派一支队伍沿哈德孙河向北，与伯戈因会合。他于初夏前往费城，带上了266艘满载士兵和马匹的船只。伦敦、加拿大或华盛顿军队里没有一个人知道他要去哪儿。“豪带着他的军队走了，只有上帝知道他去哪儿了，”霍勒斯·沃波尔写道，“他们把美国战争也随之带走了。”

7月下旬，这支舰队出现在特拉华海域，接着又消失了三个
星期。到了快8月底的时候，它又出现在切萨皮克湾，并开始沿 59
着海湾向北行进。华盛顿怀疑豪的队伍正向费城进发，但他已派出了兵力去保卫哈德孙河谷和新英格兰免遭伯戈因袭击。

伯戈因发现，加拿大和纽约的地形比他在伦敦从地图上看到的更加复杂。他希望依靠易洛魁人的支持，于是让陆军上校巴里·圣莱杰领了一支队伍从奥斯维戈出发，向南前往莫霍克河，途中穿越纽约。但该部落宣布保持中立。圣莱杰邀请易洛魁人到斯坦威克斯要塞“来看看他们是如何鞭笞反叛者的”。莫霍克、塞内卡、卡尤加等部落接受了圣莱杰的建议，他们不得不为了自己的生存而与美国人战斗，再接着相互开战。当圣莱杰的部队围攻斯坦威克斯要塞时（现在的纽约罗马），易洛魁人发现他们正在一场英国人的战争中与自己的同胞开战。斯坦威克斯要塞（美国人称之为斯凯勒要塞）的民兵拖住进攻，接着本尼迪克特·阿诺德带来了一支纵队解救该要塞，分散了圣莱杰的兵力，使之不得不匆忙、混乱地撤退。

九百名德国人在佛蒙特四处搜索，穿着他们的骑兵靴行进，希望能找到并骑上新英格兰人的马匹，不然他们就会在本宁顿被佛蒙特及新罕布什尔的民兵杀死或俘虏。新英格兰民兵聚集到比米斯高地（哈德孙河上游，靠近纽约的萨拉托加）来加入霍雷肖·盖茨将军的队伍。伯戈因则期待有一支英国军队，而不是美军，能在哈德孙河与他会合。

豪的军队，这也正是伯戈因所期待的军队，此刻正在宾夕

法尼亚。华盛顿带着一万一千名衣衫褴褛的士兵，正试图抵御豪的一万七千名士兵的进攻，保卫费城。康沃利斯和威廉·冯·柯尼普豪森的黑森兵沿着费城西南部的布兰迪万河拦住了华盛顿的军队。格林尽力把康沃利斯和柯尼普豪森拖住，让华盛顿有时间撤退到切斯特，而国会则逃往宾夕法尼亚的约克。拉斐
60 特此时作为一名志愿者，重新召集起一支在英军攻击下即将崩溃的美国军队。他腿部中枪，包括他在内，共有七百名美国士兵受伤、被杀或被俘。两周后，英国人和德国人占领了费城。

此时，伯戈因已试图攻打驻守在比米斯高地的美军，并为此损失了六百人。10月7日，他再一次进攻失败，于是向克林顿发出了绝望的恳求，请他溯河而上。克林顿照做了，夺下了哈德孙河下游的美军要塞，但此时他接到豪发出的新命令，让他派出二千名士兵帮助防守特拉华河下游。豪已经拿下了首都。为什么他还需要增援呢？

华盛顿依然掌握着他的军队。他再一次让英国人大吃一惊。华盛顿在布兰迪万河战败，并从费城被赶走，却转战日耳曼敦袭击了英军优势兵力。尽管华盛顿的部队有超过一千人被杀、受伤或被俘，但他的进攻向豪提醒了他的韧性。当普鲁士国王腓特烈大帝听说美国人已失去了费城时，他认为美国人实际上已经战败。但当他一个月后又听说了日耳曼敦之战时，他说，美国人，如果由华盛顿领导，则必胜。

在哈德孙河旁，新英格兰民兵与盖茨的队伍向伯戈因靠近。他现在知道了圣莱杰还未到达莫霍克，克林顿也不能提供任何援助。他本指望依靠哈德孙河谷的肥沃农田可以养活自己的队伍，但反叛者们如凯瑟琳·斯凯勒，菲利普·斯凯勒将军

的妻子，却毁了自己的庄稼——她将燃烧的火炬投掷到她的谷地里，焚毁了伯戈因军队对丰收的希望。于是，他的物资不得不依靠一条道路运输，这条路即将结冰。10月17日，他宣布投降。五千名英国和德国俘虏，外加二千名随军妇女，都被送往波士顿。

伯戈因的投降和华盛顿对日耳曼敦的突袭，向法国人证明美国人将取得胜利。1778年2月，国王路易十六承认美国独立。61
在宣布放弃加拿大的同时，法国保证会一直战斗到英国承认美国独立。法国可以将军队和武器运往美国；对英国来说更加不幸的是，法国还可以袭击西印度群岛，甚至英国本土。此时正在封锁美国海岸的船只现在不得不撤回保卫英国本土，以及通往印度的路线。法国海军上将德斯坦伯爵率领拥有十二艘战舰及载有两个步兵旅的五艘护卫舰，于4月从土伦出发。等到英国召集了一支力量去追赶他们时，德斯坦已跨过了半个大西洋。卡姆登勋爵指责首相诺斯发起了一场建立在美国人全是胆小鬼而法国人都是白痴这一前提下的战争。

诺斯勋爵明白，美国人会一直战斗到他们的独立获得承认；但他同时也明白，国王绝不会接受美国独立。他让议会废除了《宣言法》，答应不再直接向殖民地收税，并保证，从美国征来的税都将用于美国。美国人1774年时或许会接受这一建议，但1778年时绝不会。诺斯派出特派员卡莱尔伯爵，一名辉格反对党，还有前佛罗里达总督乔治·约翰斯通，以及来自政府情报部门的威廉·伊顿去与美国人谈判。

占领费城让英国人获得了与美国人和解的机会。这座城市里的贵格会教徒反对战争，而这里的保皇派也指责他们叛乱的邻居们发起了这场战争。费城的一位资深政治家约瑟夫·盖洛威，是富兰克林的前盟友及第一任大陆会议成员（但反对独立），被任命领导这里的市政府。豪希望盖洛威能团结保皇派，与叛军取得和解。但盖洛威对自己的认识，以及对自身重要性的信心过于膨胀，以至于他不论是作为管理者还是调停者都不
62 能发挥作用。

在豪和英军占领费城之后，华盛顿和他的一万名士兵，以及随军的几百名妇女，在城外二十英里处的福吉谷修建了一个冬季兵营。这极寒的福吉谷冬天，如今已成为美国民间传说的一部分，这段时间对华盛顿和他的军队来说起了决定性作用。他的军队面临着持续性的缺粮、缺钱和缺少衣物，但华盛顿绝不允许他们意志消沉或做逃兵。

与纳撒尼尔·格林的意愿相违，华盛顿让他这个罗得岛贵格派担任了军需官。格林渴望战斗，正如他在邦克山、纽约、特伦顿、普林斯顿和布兰迪万河所做的那样，而不是处理乏味的军需问题。但是作为一个出色的管理者，他确保了大家没有挨饿，还帮助维持了一个有秩序的兵营。

弗里德里希·威廉·冯·施托伊本意外地来到军营，宣称自己是腓特烈大帝麾下的一名中将。施托伊本曾供职于腓特烈大帝的指挥部，但从未替他出征作战过。一个日耳曼小公国给了他这个尊贵的姓氏“冯”。然后，和拉斐特一样，施托伊本仅仅要求有机会成为一名志愿兵。华盛顿让他训练一百名士兵；两周后，训练的效果如此惊人，于是华盛顿让他再训练一百名农民、技工和工匠。他让他们进行操练，行军，教给他们技能。他操练他们的方法和他对待普鲁士士兵不同。他后来向一名普鲁

士军官解释道:“你对你的士兵说‘这么做’,然后他就照做了;但我必须说‘为什么你应该这么做’,然后他才会照做。”他们已经是老兵了;冬季快过去的时候,他们成了一支军队。

一名军官负责养活军队,另一名则负责训练士兵,而华盛顿仍需争取获得军队领导权。国会成员,尤其是新英格兰人,奇怪为什么取得萨拉托加大捷的盖茨不能取代华盛顿,他除了撤退
什么都没做。盖茨和托马斯·康韦,一名在爱尔兰出生的法国 63
军官,密谋取代华盛顿;但华盛顿在国会里还有足够的盟友,此时在军队里也是一样,可以帮他稳固领导权。国会希望华盛顿能将英军从费城赶走,还想让拉斐特去进攻加拿大,希望他能团结当地的法籍加拿大人。格林认为,这一“堂吉诃德式的北征”是为了“增加将军所面临的困难”而发起的阴谋。

英军这边也有他们自己的问题。克林顿5月初抵达费城,替换豪。他有新的命令:放弃费城,控制纽约,并把他的大部分兵力派往佛罗里达和加勒比海地区。费城的保皇派们得知英军要撤离,便陷入了“恐惧而忧愁”的状态。盖洛威知道,他将“面对艰苦卓绝的敌人的怒火,并被夺走价值七万英镑的财产,最后落得和该隐在人间一样,四处游荡,没有家也没有财产”。“我现在已将这场争夺看作一次终结,”豪的秘书写道,“在连两周的保护都无法提供的情况下,没有人会替我们说话。”绝望的保皇派们恳求克林顿允许他们去和华盛顿谈判。但他拒绝了,知道这个国家里的每一位保皇派都可能背叛他们的事业;他不情愿地答应了带上保皇派一起走。

盖洛威的妻子格蕾丝·葛罗登·盖洛威,是宾夕法尼亚一位领袖的女儿,她在英军撤退后留在了费城。当爱国者们将她

从自己家里赶出来时，她依然维持着尊严：“我……嘲笑这群假发党。我告诉他们，我是城里最幸福的女人，尽管我被剥光了衣服，并被从家里驱赶出来，但我还是我，我是约瑟夫·盖洛威的妻子，劳伦斯·葛罗登的女儿，他们没有权利羞辱我。”

在离开之前，保皇派和英国军官用“莫西年华”狂欢活动来
64 纪念豪将军，他们燃放烟火，进行游行，并举办了骑士比赛。英国军官装扮成骑士，为获得年轻费城姑娘的青睐而比拼；这些姑娘们打扮成土耳其公主的样子，坐在精美的轿子里，由包着头巾的奴隶抬着，穿过街道。这是一场难忘的活动，但豪勋爵的秘书记录道：“这花费了大量的钱财。我们的敌人会很高兴地谈起它的愚蠢和奢侈。”

诺斯的三名特派员抵达了，他们震惊地发现费城已被放弃了。克林顿拒绝让他们与国会见面，所以他们请求华盛顿代为求情。华盛顿给国会带去了他们的请求，但也仅此而已。他们意识到自己的任务是“荒谬、无用且羞耻”的。

克林顿让保皇派们随着豪乘船离开，他自己也于6月18日离开了费城，带着一万八千名士兵和一列长达十二英里的行李车队。由于担心华盛顿会发动袭击，他把一半的兵力安排在行李车队前面，一半在后面。在下了十四小时的雨后，天气转热，新泽西的蚊子蜂拥而至。三分之一的黑森兵中暑倒下，其中一些因此而死去。反叛的新泽西人摧毁桥梁，拖延他们的前进，而新泽西人民，尤其是妇女，清楚地记得英军和德军1776年穿越新泽西时犯下的强奸和掠夺罪行，于是他们在这些军队撤退时隐蔽了起来，让他们的农田和村庄看起来像被废弃了一样。

由于被十二英里长的行李隔断，这两支行动迟缓的队伍就

成了通往新不伦瑞克炎热路途上的诱人靶子。华盛顿和他的军官们就该怎么做起了争论。从英国人的囚禁中被放出来的查尔斯·李，认为和法国结盟意味着不再需要继续战斗，而应该在新泽西两岸建起一座“黄金大桥”。其他人——格林、施托伊本、韦恩，还有拉斐特——则敦促立即发起进攻。华盛顿倾向于骚扰一下撤退的队伍；副官亚历山大·汉密尔顿认为，这个温和的计划“将向最尊敬的助产士且只向她们致敬”。 65

当前面的队伍和行李在桑迪岬登船时，康沃利斯与后面的队伍一起等在靠近蒙茅斯法院（如今的弗里霍尔德）的松林荒地里。最初反对攻击的李接到了允许对英军发起突袭的指令。康沃利斯反应迅速，迫使李撤退。当华盛顿到达并质问李为何要发出撤退的命令时，李解释说：“这次进攻与我的意见相反。”所以当进攻受挫时，他就取消了行动。华盛顿谴责李是一个“该死的胆小鬼”，并重新召集起军队。

克林顿本希望华盛顿会带着全部兵力去救援李——他知道，如果正面交战他可以打败这只“老狐狸”。但华盛顿对此也充分明白并竭力避免。他组织力量坚守阵地。被炎热的天气折磨得筋疲力尽之后，美军损失了超过二百名士兵，最终撤退；克林顿军队中则有至少358人战死、受伤或因中暑而死，其余队伍继续前往桑迪岬。在这北方最后一场主要战役中，双方均没有获胜，但华盛顿的军队经过福吉谷的冬季操练，可以像一支军队一样战斗了。华盛顿命令对李进行军事审判，并撤了他的职。

当英军在纽约安顿好后刚刚一周，德斯坦伯爵的舰队就抵达了特拉华海岸。尽管他错失了一次在海上捉住豪的机会，但他现在让他的舰队严密封锁住纽约。海军上将豪以为德斯坦会进攻纽约；而克林顿看到华盛顿调遣兵力从纽约北面穿越哈德孙河，他预测会对纽波特发起进攻。

克林顿是对的。当英军在纽约驻防时，德斯坦驶向纳拉干西特湾。在那里，约翰·苏利文和美国民兵与登陆围攻纽波特的法军会合。英军凿沉了自己在纽波特港的船只，以阻挠法军的进攻。但在德斯坦出海之际，另一艘英国军舰出现在罗得岛海面。接着一场飓风来袭。暴风雨打坏了法国舰队，美军和法
66 国围攻部队努力在大雨中抢救他们的帐篷和物资。德斯坦受损

图7　在蒙茅斯的酷暑中，妇女们——通常是士兵的妻子或女友——在战斗最激烈的时候被称为“莫莉水壶”，她们送水去给士兵和枪支降温。当狙击手威廉·海斯受伤了，他的妻子玛丽·路德威克·海斯放下了手里的水桶，接替了他的位置。她跟随自己的丈夫和军队穿过福吉谷；他将获得一块赠地，而她后来也因为她的付出而获得年金，并在美国历史上作为“莫莉水壶”被纪念

的舰队最后也返航了，但并没有继续围攻——他们接上湿透的法国士兵驶往波士顿，舰队需要在那里整修。

美军和法军第一次联合进攻结束了，苏利文将军十分愤怒。他指责德斯坦没有在纽波特协助进攻。波士顿的一帮暴民攻击了法国面包师，杀死了二十八岁的外交官圣萨维尔骑士，以及路易十六兄弟的管家。美法联盟瓦解了。 67

华盛顿让苏利文缓和措辞，同时马萨诸塞州保证会为圣萨维尔修建一座纪念碑。但英国和法国舰队都纷纷开往西印度群岛。此时仍然没有海军力量的华盛顿，尽力把英军驻防部队阻留在纽约和纽波特。

西班牙于1779年4月向英国宣战，不是为了帮美国人，而是为了重新获得直布罗陀，并削弱英国在西印度群岛和北美的实力。法国和西班牙战舰在英吉利海峡巡逻，并威胁要进攻英国本土。诺斯领导的政府“制造了和美国之间的战争，接着又和法国、西班牙分别开战，现在是和第四个国家——荷兰”，一位伦敦记者如此写道，“他们在美国点燃的这支蜡烛有可能，并且非常可能，将在欧洲燃起一场熊熊大火”。

欧洲的这场大火来自海洋。华盛顿没有海军可以运送部队，或为军事行动提供支持；但美国人并不畏惧海洋。对船主、水手和船长们来说，事实证明私掠比封锁、运输或轰炸有利可图得多。在1775年至1778年间，美国的私掠者抢劫了约一千艘英国商船。当西班牙和法国也加入战争后，他们向美国人的战利品开放了港口，使他们每年的收获翻了一番。

约翰·保罗·琼斯1778年用他的单桅帆船洗劫了英格兰和苏格兰沿海的城镇，甚至还在英国本土海域劫获了一艘英国战舰。1776年8月，作为一名英国前商船船长，约翰第一个将美国国旗在战舰“普罗维登斯”号上升起。后来法国给约翰配备了一艘私掠船，将它命名为“博诺姆·理查德（好人理查德）”号，向富兰克林表示敬意。1779年夏天晚些时候，他在北海攻击了一艘英国商船护卫舰；英国战舰“塞拉皮斯”号与“博诺姆·理查德”号交战，使之起火。当皮尔森船长看到“博诺姆·理查
68 德”号的军官们降下他们正在下沉的船上的旗子，便问他们是否愿意投降。琼斯回答道：“我还没开始战斗呢！”

琼斯最终迫使皮尔森投降了，并将他自己船上的幸存者塞进“塞拉皮斯”号，然后驶向荷兰。“人性不得不在这种恐怖的景象前退缩，”他对富兰克林悲叹道，“那场战争的结果竟然如此惨烈。”这是美国方面一个著名的胜利，也是琼斯为美国取得的最后一次。

美国人在英国近海攻击，加上法国、荷兰、西班牙人的威胁，令英国民众意志低沉，他们开始质疑这场战争。一次议会调查演变成政治家之间的一场争论——海军大臣、桑威奇伯爵、国务大臣杰曼，还有军事将领们，例如豪兄弟俩。两边都指责另一边管理失误又无能。

克林顿坚守纽约和纽波特；华盛顿的部队还驻守在哈德孙和新泽西。战争的焦点从西面转向南面。驻守皮特要塞的美军和底特律的英军都试图征募当地的印第安战士。易洛魁族为此分裂了。塞内卡族选择了英国人，攻击了选择美国人的奥奈达族，而奥奈达人摧毁了莫霍克人的城镇和玉米地。保持中立的奥内达加人的外交官则出发去和魁北克的英国人谈判。华盛顿知道了这些情况，决定“把战争推进到这个国家的心脏”，他派

约翰·苏利文将军去摧毁奥内达加人发动战争甚或生存的能力。苏利文于1779年秋天烧毁了四十座奥内达加人的城镇以及十六万蒲式耳玉米，甚至还砍倒了他们的果树。奥内达加人逃走寻求英国人的保护。因为害怕报复，奥奈达人则出逃寻求美国人的保护。在欧洲人踏足北美之前所建立的易洛魁联盟至此瓦解了。 69

在苏利文采取行动的同时，弗吉尼亚人也攻击了俄亥俄的萧尼族城镇。乔治·罗杰斯·克拉克带着二百人占领了英军在樊尚的前哨。这些行动重创了本土印第安人，并让英军在俄亥俄以北仅仅保留了底特律一地。在1781年到1782年之间的冬天，怀安多特和萧尼族战士们袭击了俄亥俄河沿岸的边界定居点。有传言说，宾夕法尼亚的摩拉维亚传教士管辖的基督教特拉华地区为这些袭击者提供了庇护。宾夕法尼亚民兵出于报复，开进了俄亥俄地区，抓捕和杀死了超过一百名手无寸铁的特拉华人，包括妇女和儿童。在英军和美军停战许久之后，前线的战争又开始了。这些讨伐易洛魁、迈阿密、萧尼和切罗基各族的远征，让美军充分意识到那片土地上农产品的丰富。战争结束后，纽约州西部、俄亥俄州和肯塔基州吸引了美国白人翻山而来；资金缺乏的各州用从印第安人手中强夺过来的土地作为赠予向士兵们支付酬劳；关于土地的争端一直持续到19世纪。

克林顿将他的注意力从纽约的总部转向南方。他相信南北卡罗来纳和佐治亚人的忠诚。1778年12月，英军成功地乘着平底船沿萨凡纳河而上，仅仅遇到了象征性的抵抗（仅有三十人驻守在萨凡纳河下游绝壁上的重要据点）。当英军夺下了萨凡纳河，反叛军试图逃跑，共有四十名反叛军官和五百名士兵被捕。

大部分平民都逃走了，但大多数人很快就返回并宣誓效忠，正如一名效忠军官所说："金钱和财产比叛乱和贫穷重要得多。"英军在他们萨凡纳的大本营恢复了佐治亚的保皇派政府，并威胁到查尔斯顿。

1780年秋天，在加勒比海地区加入法军的本杰明·林肯将军试图夺回萨凡纳。但在这场惨烈的进攻中，他的五千名法国
70 和美国士兵中有八百人被杀、受伤或被俘。他撤回到查尔斯顿，法军则退回加勒比海。圣诞节后第二天，克林顿将军带着八千人驶往查尔斯顿，于4月开始了围攻。5月12日，林肯投降，交出了军队和该镇。随着英军控制了南卡罗来纳和佐治亚，克林顿回到纽约，留下康沃利斯带着八千人继续平定南北卡罗来纳地区。

克林顿的策略是基于假定南北卡罗来纳和佐治亚的大多数白人都是忠诚的。他要求南北卡罗来纳人向国王宣誓效忠，这遇到了问题。被俘的反叛军只要简单地做出选择退出战争的宣誓后就可获得释放。现在克林顿强迫他们选边站。一些人宣誓效忠国王，刚刚恢复的保皇派政府嘉奖了他们。卡罗来纳人一向对国王忠诚，并在反叛军手中遭受了痛苦。当他们看到这些战败的反叛军重新获得权力和财富时，他们感到自己遭到了背叛。

游击队战斗在南卡罗来纳兴起，零零散散地效仿爱国者和保皇派的部队，但也源于当地和个人长期的委屈不满。保皇派民兵袭击获释爱国者和平民的家，这重新引起了南卡罗来纳偏远地区的反抗。康沃利斯在卡罗来纳海岸沿线修起了多个要塞，从奥古斯塔、佐治亚到乔治敦。英国军官伯纳斯特·塔尔顿和帕特里克·弗格森，组织起保皇派军团去征服他们反叛的邻

居们。

三位著名的南卡罗来纳军官打破了自己退出战争的誓言，成为游击队战士。直到1779年，托马斯·萨姆特，一名前大陆军军官，在宣誓退出战争后一直安静地住在他沃克斯华的种植园里。当塔尔顿的保皇派军团烧了他的房子后，萨姆特组织起自己的邻居成为游击队，攻打卡罗来纳边界的英国和保皇派军队。安德鲁·皮肯斯，一位长老教会资深教徒和“七年战争”的老兵，在查尔斯顿战败后做了效忠国王的宣誓。但当一群保皇派袭 71
击了他的农场，皮肯斯重新回到了战场。陆军中校弗朗西斯·马里恩在查尔斯顿沦陷时躲过了抓捕；他组织了一支游击队，另一个美国军官将其描述为：“与众不同地戴着小皮帽，穿着破烂的衣服。他们由不超过二十个男人和男孩组成，一些是白人，一些是黑人，都骑着马，但大多数人缺乏装备。他们的外表，说实话，十分滑稽，以至于让军官很难约束普通士兵不分神去看他们。”

马里恩对美国人来说也许十分滑稽，惹人注意，但康沃利斯写道：“马里恩中校在人们心中产生了巨大影响，部分是因为对他的威胁和残酷惩罚的恐惧，部分则是因为他对抢夺的承诺，使得在桑堤和皮迪之间的所有居民几乎没有一人不拿起武器反对我们。”康沃利斯将马里恩的成功归结于他的恐怖主义策略和对抢夺的承诺；马里恩的人却将他们自己视作游击队，要将南卡罗来纳从英国人的占领下解放出来。在这三个例子中，马里恩、皮肯斯和萨姆特都比美国正规军更有效。

尽管华盛顿反对，国会还是派出霍雷肖·盖茨去领导大陆军在南方剩余的力量。盖茨组织了四千人的正规军和民兵，突袭了康沃利斯位于南卡罗来纳卡姆登的大本营。由于获得了情报，康沃利斯做好了准备并轻易地击溃了盖茨这支规模大得多的军队。当盖茨抵达距离战场一百六十英里的希尔斯堡时，他只剩下不到七百人的军队。康沃利斯转移到北卡罗来纳，而南卡罗来纳则渐渐演变成爱国者和保皇派非正式武装之间的艰苦内战。

这是一个坏消息，但与此同时，1780年夏天，华盛顿的队伍
72 却取得了一次决定性的胜利。在经历了美国人和法国人第一次

图8　梅森·洛克·威姆斯曾创作了“乔治·华盛顿砍倒樱桃树”这个故事，而在他的作品《弗朗西斯·马里恩将军的一生》(1809)中，展示了马里恩为一位英国军官提供一顿甜土豆晚餐。这个军官明白，他这方无法取得胜利：“我见到了一位美国将军和他的军官们，他们没有工资，几乎没有衣服，靠吃树根和水活着；一切都是为了自由！我们面对这样的队伍怎么可能获胜？”南卡罗来纳艺术家约翰·布莱克·怀特于1810年绘制出这幅情景；1840年，它成为一幅著名的画作，并在国内战争期间出现在南卡罗来纳的货币上

糟糕的合作尝试后，拉斐特回到法国，说服路易十六派出一位将军和一支军队，并非去与美国人合作，而是直接接受华盛顿的指挥。让·巴普蒂斯特·多纳蒂安·德·维米尔，罗尚博伯爵，带着超过五千人到达纽波特（英国人已于1779年撤退）。华盛顿和罗尚博于1780年9月在康涅狄格的韦瑟斯菲尔德会面，为他们针对纽约的共同行动制订了计划。

华盛顿从韦瑟斯菲尔德返回时，在西点停下来，这里此时受
本尼迪克特·阿诺德指挥。但当他到达后，他发现阿诺德已经 73
制订了计划要将这一前哨交给英国人。阿诺德在他的阴谋败露后，逃往纽约。尽管阿诺德的叛国行为让人震惊，但这一阴谋在实施前被及时发现，正如纳撒尼尔·格林将军给他妻子的信里写道：“看起来像是天意注定的，它让我相信，美国的自由事业是受到上帝庇佑的。”

受到上帝庇佑的迹象并不总是很容易识别的。英军控制了纽约、查尔斯顿和萨凡纳，同时美军在南卡罗来纳也遭遇溃败。但由于保皇派军队在南卡罗来纳的国王山被击溃，康沃利斯不得不撤回他对北卡罗来纳和弗吉尼亚的进攻。指挥南卡罗来纳保皇派民兵队伍的帕特里克·弗格森少校，在国王山受到来自南北卡罗来纳和翻山而来的田纳西、肯塔基等地爱国派民兵的包围。他的一千人队伍中，有超过八百名保皇派民兵被杀或被俘。

格林于1780年年底到达，接管了南方美军的剩余部队。和华盛顿一样，格林明白，他和他的部队不可能在常规战争中战胜康沃利斯。但他们可以拖垮英军，迫使他们追着自己跑。在1780年4月到1782年4月间，格林部队中的一支分队行军超过

74　图9　罗尚博将军领导的法军的到达，改变了战争的性质

五千英里，在南北卡罗来纳之间往复移动，“我们战斗，挨打，站起来，接着战斗”，格林如此写道。他的队伍坚持战斗，让他的敌人和英国公众都筋疲力尽。

1781年1月，丹尼尔·摩根的部队在南卡罗来纳的考佩斯击败了塔尔顿的军队。摩根曾是一位马车夫，他目睹了1755年布拉多克惨烈的溃败，也从中学到了不少策略和战术。他清楚他的民兵队伍不如正规军可靠；正因为如此，指挥官通常将他们更加老练的正规军安排在战斗的中心，而将民兵放在后方或侧 75
翼。摩根却将民兵放在中间并告诉他们，每人需要射击两轮；而老练的正规军则放在侧翼和后面。当民兵开火后撤退时，塔尔顿的部队认为整个美军战线已溃败，于是大力追赶他们，结果被老练的正规军团团包围。摩根俘虏了超过九百名英军和保皇派民兵，包括传奇的、似乎不可战胜的塔尔顿。

康沃利斯相信，打击弗吉尼亚，通过断绝爱国派民兵的供给来源，能够结束这场战争。与克林顿的愿望相违，甚至在他不知道的情况下，康沃利斯朝弗吉尼亚进军。阿诺德于1780年年底突袭了弗吉尼亚，进攻里士满，把州政府赶去夏洛茨维尔。他的部队差一点抓住州长杰斐逊。华盛顿派拉斐特去保护弗吉尼亚。

当康沃利斯的军队途经北卡罗来纳时，格林在吉尔福德法院与其交战。“我有生以来从未见过如此的战斗，”康沃利斯写道，“美国人像魔鬼一样打仗。”康沃利斯赢得了胜利，但损失了四分之一的部队。他现在太过于深入内地而远离自己的补给线，此外，“我们的朋友将大量涌现这一想法，不管是出于什么目的，都已经完全失败了”。这场胜利让他毫无选择，只能撤回到威明顿，靠近海岸，而放弃了已占领的土地。“我向你保证，”他写信给克林顿，“我已经十分厌倦在这个国家四处行军，追求各种冒险。”

5月，他再次回到北方，在弗吉尼亚与阿诺德会合。康沃利斯已筋疲力尽，他在约克镇建立了切萨皮克大本营。格林此时把英国人围困在查尔斯顿，并在南卡罗来纳游击队的帮助下，把英军在偏远地区的哨所一个个拿下。

随着北美的战事陷入僵局，英国和法国都将注意力转向西印度群岛。法国已从英国人手里夺走了多巴哥、圣文森特、多
76 米尼加和圣克里斯托弗，而英国则从法国人手中获得了蒙特色拉特和尼维斯。西班牙人从新奥尔良夺去了彭萨科拉和莫比尔。英国哨所驻防了正规军、宾夕法尼亚保皇派、印第安人和德国人。

华盛顿和罗尚博知道，海军上将弗朗索瓦-约瑟夫·保罗，格拉斯伯爵，将于3月从法国驶往海地，他会仅在来或去加勒比海的路上与他们进行合作。华盛顿和罗尚博希望格拉斯伯爵去攻打纽约，主要是防止克林顿增援康沃利斯。

夏天过了一半时，格拉斯伯爵带着二十八艘船及三千名法国和海地士兵，从加勒比海驶往切萨皮克。华盛顿征集了更多新英格兰民兵，同时命令罗尚博的队伍从罗得岛前往白原。华盛顿准备了另一个计策：从表面看起来在准备围攻纽约，加固帕利塞兹工事，并在新泽西搭烤炉，同时却把他的队伍派往弗吉尼亚。与此同时，当法国人离开罗得岛后，克林顿重新占领了纽波特。

到了此时，格拉斯伯爵已让三千名士兵和大炮在约克镇附近登陆，并运送华盛顿的队伍沿切萨皮克而下。被派往增援康

沃利斯的英国舰队与格拉斯伯爵的舰队交火，在遭遇了重创后返回纽约。在格拉斯返回西印度群岛之前，华盛顿和罗尚博就一直待在这位法国海军上将的船上，阻止了克林顿去增援康沃利斯。

康沃利斯现在明白了，他“所占据的防御性哨所对卡罗来纳的战争没有任何用处，只能给我们提供一些贫瘠的湿地，并且永远都容易被拥有暂时海上优势的外来敌人当成猎物”。华盛 77
顿和罗尚博的一万六千人军队远超过康沃利斯的七千人，并对他们进行了持续的重火力轰炸。康沃利斯曾试图穿过约克河逃跑，但到了10月中旬，他终于明白增援不会出现了。和伯戈因在萨拉托加一样，他除了投降别无选择。

由于病重无法出席投降仪式，康沃利斯派了查尔斯·奥哈拉将军。奥哈拉将军骑在马上，维持着体面和自尊走近联军将领。他首先将自己的剑递给罗尚博。当时现场的法国人比美国人多，而且向一位法国人投降比向一位美国人投降要稍微体面一些。罗尚博指示他转向华盛顿。“美国将军才应接受你们的投降。”奥哈拉于是走向华盛顿。

六年来，华盛顿已经厌倦了英国人拒绝承认他的军衔。英国将领们写信给他，凡使用“华盛顿先生”或“华盛顿上校”这些称谓的，他都原封不动地退了回去。他非常在意他自己的军衔，但更在意对他国家的认可。英国将领不承认美国国会授予他的军衔。只要他们不承认美国的主权，他就拒绝承认他们。看到来的并不是康沃利斯，而是他的副手，于是华盛顿就让奥哈拉走到自己的副手本杰明·林肯面前。

奥哈拉向林肯递上自己的剑；林肯还给了他。当英国士兵列队走过法国和美国军队前去放下他们的武器时，他们把脸转向法国人，故意忽视美国人。指挥美军的拉斐特让乐队奏起“扬基歌”。由于对这进一步羞辱他们受伤自尊的举动感到生气，一些英国士兵在放下武器时砸碎了它们。

伦敦并没有指责康沃利斯。指责都指向了诺斯勋爵和英国内阁，该内阁于1780年再次当选。与投降的消息一起到来的
78 还有格拉斯伯爵在圣基茨赢得了又一场胜利，而西班牙则夺取了米诺卡岛。在议会里，当初提出《印花税法》（顺便说一句，康沃利斯当时作为一名议员投票反对了该法案）的反对党领袖亨利·康韦，如今转向结束与美国的战争。尽管国王反对，该提案还是通过了。诺斯提出了辞呈；他之前每一年都会提出辞职，但国王总是拒绝他。这次国王没有拒绝。

英国使者在法国同富兰克林、约翰·亚当斯和亨利·劳伦斯（他在海上被英国人捉住，被用来交换康沃利斯）会面，以达成和平条约。英国军队仍然控制着纽约和查尔斯顿。克林顿暂停了军事行动；只要英国军队还留在美国，华盛顿就不会解散他的军队。

华盛顿最大的功绩在于，他将美国军队团结在一起。在战争过程中，共有二十三万人在大陆军中服役；另有十四万五千人担任各州民兵。很多人都曾多次应征入伍；总共约有二十五万人曾在美军中作战。想知道确切有多少人服过役是不可能的；想要弄明白他们为何会加入军队也是不可能的。逸事传闻和年金记录只揭示了整个故事的一部分。

彼得·奥利弗是首批研究美国革命史的历史学家之一，他从一个独特的有利位置切入：前马萨诸塞首席法官在英国人

1776年撤离波士顿时被流放了。在船上，他采访了一位美军中尉，来自新罕布什尔彼得堡的威廉·斯科特，他在邦克山被俘。奥利弗问斯科特为何参战？斯科特说他看到邻居们拿到了佣金，于是他也参军了，希望改善自己的生活：“至于大不列颠和殖民地之间的争论，我什么也不懂；我也同样不能判断究竟谁对谁错。”

斯科特这种自利的动机，奥利弗认为在当时的反叛者中是很典型的。但斯科特从哈利法克斯逃跑了，在1776年晚些时候，79
他加入了华盛顿保卫纽约的军队。当华盛顿要塞沦陷时，他游过哈德孙河逃走了；回到新罕布什尔后，他和他的两个儿子成立了自己的队伍。大儿子在军中待了六年后，死于斑疹伤寒。在战争过程中，斯科特失去了儿子、妻子、自己的农场和财产。

是什么令斯科特这样的人加入战争呢？在斯科特家的镇子里，每一位成年男性都在战争的某一个阶段参加过军队。他们中的三分之一和斯科特一样，在军中待了超过一年。斯科特做了军官；大部分人依然是二等兵。他们是谁？对彼得堡和其他城镇的研究表明，这些士兵的中坚力量都是由没有太多其他选择的人组成的。应征入伍时领取的奖金，或是战后的一块赠地，对他们来说都是入伍或继续服役的诱惑。

士兵的妻子、母亲或姐妹们通常都跟随着部队，担任护士、厨子、洗衣女工和制服修补工这些工作。正如我们不知道究竟有多少人服役一样，对随军妇女总数的估计也有很大差异，从军营中3%的人是妇女，到二万名妇女随军作战。华盛顿反对在他的部队中有如此众多的妇女，并试图抵制妇女争取口粮的要求，但他认识到自己权威的局限性。他自己的太太玛莎，在战争大部分时期都陪着他，所以他很难反对入伍士兵的太太们留在军营里。华盛顿反对妇女们在军队行军时坐在马车里，但他发现他很难阻止。

安·贝茨是费城的一名学校老师，她嫁给了一个英国士兵，她丈夫在费城被占领期间负责维修大炮。她随丈夫和英军一起来到纽约，并定期到访大陆军的白原市军营。她伪装成一个贩卖农产品的小贩，将反叛军兵营里的兵力和军需品情况汇报给英军。另一个间谍，我们只知道代号为“355”，能够接触到纽约英军指挥部的最高层。她的同居丈夫罗伯特·汤森，为一家纽
80 约保皇派报纸写社会新闻。她在阿诺德被捕后也随之被逮捕，后来死在纽约港的一艘英国监狱船上。

妇女们在家为军队制作制服和毯子。1779年，费城的妇女们挨家挨户地筹集资金，锲而不舍，一位保皇派妇女如此写道：“人们不得不给她们一些东西好摆脱她们。”她们筹集了超过三十万美元。华盛顿打算将她们的筹款放入总基金里；但妇女们希望给每个战士两美元，硬通货。华盛顿拒绝了，担心他们会去买酒；于是，费城妇女们改为给每个人一件衬衫。

马萨诸塞的黛博拉·萨姆逊是一个具有参军经历同时也完全异于常规的典型。她的父亲遗弃了家庭——黛博拉的妈妈和七个孩子——那时黛博拉才六岁；她在附近一个农场当学徒，在农地里干活，长得又高又壮。通过看哥哥的课本，她自学了读和写。1778年她年满十八岁，去学校做了老师，但四年后，她应征进入马萨诸塞部队，用“罗伯特·舒特里夫”做自己的名字。她得到了六十镑应征奖金，并被派往西点。在达里镇附近的一场小规模战斗中，一个英国骑兵砍伤了她的头，一颗毛瑟枪子弹击

中了她的大腿。她并没有告诉替她治疗头部伤口的医生她腿部中弹了。她自己把子弹挖了出来。当她的队伍前往费城时，她病倒了。替她治疗的医生发现了她是女人。她光荣地退伍了；马萨诸塞州向她授予了年金。

她作为罗伯特·舒特里夫的故事是战争中从军经历的代表；而作为黛博拉·萨姆逊，她是与众不同的。虽然妇女也为部队提供支持，但她们并不当兵；那些做厨子、护士或其他工作的妇女们，并不能获得年金。1832年，经过士兵遗孀们的多年请愿，国会给应征入伍士兵的遗孀们发放了年金，这是第一次。但战争结束已近五十年，已经没有多少遗孀可以领到了。 81

年金是遥远未来的事情；华盛顿眼前有更紧急的问题：让他的士兵吃饱、穿暖，团结起来。从1780年起，三年兵役期开始到期；那些好几个月没领到薪水的士兵开始单独逃跑，或集体反叛。1780年1月，一百名马萨诸塞士兵从西点出走；其中一些被找了回来并受到了惩罚，其他人被赦免了。康涅狄格部队5月从莫里斯敦出走。在接下来的一个月里，三十一名纽约士兵从斯坦威克斯要塞逃跑；他们的指挥官，同奥奈达盟军一起，追捕并杀死了其中的十三人。

1781年1月，一千五百名宾夕法尼亚士兵从莫里斯敦逃往普林斯顿，他们占领了大学里的大楼，要求国会让他们回家——他们已服役三年（尽管他们服役期为三年或整个战争期间）；他们还想得到自己的薪水。他们告诉他们的指挥官安东尼·韦恩将军，他们的不满不是针对他，而是国会。国会派出宾夕法尼亚主席约瑟夫·里德去和他们谈判。亨利·克林顿将军也派出特使为他们提供英国的保护。他们把英国特使作为俘虏交给韦恩。里德和韦恩同意释放服役期满的士兵。

那个月晚些时候，新泽西部队反叛了。华盛顿前往用武力镇压了反叛；反悔的反叛者们开枪打死了两名反叛首领。华盛顿知道反叛必须被镇压，但他也明白，“一个军队在没有薪水、没有衣服（还经常没有补给品）的情况下”，反叛是不可避免的。

国会似乎没有办法解决这个问题；债务高企，国内的货币变得一文不值。在英国军队离开之前，华盛顿不想解散自己的部队；而军官和士兵拿不到薪水也不愿离开。1783年1月，一队军官要求国会确保他们获得承诺的年金（一辈子都可以拿到一半的薪水，这是1780年10月诱惑人们继续服役给出的承诺）。
82 沃尔特·斯图尔特上校回到位于纽约纽堡的总部，带来了令人恐慌的消息：国会正考虑解散军队，且不支付年金。霍雷肖·盖茨的一位副官为军官们起草了一份请求，要求国会支付年金，否则他们就要采取行动对抗国会。这份请求是否会带来一场政变？显而易见，配备武器的军官们比不起作用的国会更有实力。

华盛顿支持哪一方？他要求他的军官们取消了他们既定的会议，并于1783年3月15日召开了另一次会议。华盛顿谴责了威胁推翻国内政权的行为，并立誓将尽自己的努力去确保军官们的薪水，最后总结道：

> 让我请求你们，先生们，请你们不要采取任何行动，以致在理性而平静的评判下削弱你们的尊严，玷污你们至今保留的荣耀；请允许我要求你们，依靠你们对国家忠诚的誓言，对国会意图的纯粹性保留充分的信任。

由于你们行为的高贵，当你们的子孙谈及你们向世人展现的光荣事例时，他们可以告诉人们，“这一天如期而至，这个世界从未有人见过人性可以达到如此完美的境地”。

他并不认为他们已经被说服了。他从口袋里拿出一封信；国会代表约瑟夫·琼斯给华盛顿写了这封信，说明了国会将会采取哪些措施来支付这些军官们的薪水。但此刻，华盛顿看不清琼斯的字迹。他再一次把手伸进口袋里，这次拿出了一副眼镜。军官们一片愕然。他们从未见过华盛顿戴眼镜。他戴上眼镜，看着这群聚在一起沉默的人们。“先生们，”他说，“请你们原谅我。在你们服役的这些年，我也在慢慢变老，如今，我的眼睛已经看不清了。”

他说完了，收起了信和眼镜，离开了。亨利·诺克斯提出了一个支持华盛顿的建议，军官们同意了。华盛顿至此阻止了一场军事政变。但眼前的紧急问题还未解决。成百上千的宾夕法尼亚士兵于6月走上费城街头，包围了州议会大厦，要求里面的人——国会和宾夕法尼亚议会——在二十分钟内向他们支付薪水，否则就要承担后果。尽管国会努力让士兵们平静了下来，他们却感到羞辱，并担心未拿到薪水的士兵们会再一次进攻，同时也怨恨宾夕法尼亚政府不愿保护他们（国会曾提出让宾夕法尼亚派出民兵赶走大陆军士兵）。国会离开了费城。六年前，国会逃往费城以躲避英国军队；如今，它要逃离自己的军队。“这个全国性的议会，”约翰·阿姆斯特朗写道，“带着他们的庄严和空虚，搬到普林斯顿，他们离开了一个州，在这里他们的智慧被长久地质疑，他们的美德让人怀疑，他们的尊严就是个笑话。”

华盛顿明白，一个更有力的联盟对保持独立和偿付债务都十分重要。他也知道，必须通过政治途径，而非军事途径来解决这个问题。他写信给各州州长，督促他们成立一个更有力的联盟。10月，华盛顿得知和平条约已签署，克林顿将要撤离纽约，他于是解散了自己的部队，准备进入独立的美利坚合众国里最后一个英国据点。

他于11月20日在州长乔治·克林顿的陪伴下抵达哈莱姆河，渡过河进入曼哈顿，这距他被英国军队赶出去已过了七年。当英国人准备从斯塔顿岛出发时，华盛顿和他的随从们沿着百老汇大街走下去。一位纽约妇女把这两支军队做了对比：

我们长久以来已经习惯看到武器装备精良的军事表演；正要离开我们的这支部队装备得好像要去演出一样，穿着深红色的制服，武器锃亮，做出了精美的展示；正在进城的这支部队，恰恰相反，衣衫褴褛、饱经风霜，看起来十分凄凉；但是，他们是我们自己的队伍，当我看着他们时，就想起他们为我们做了和经历了什么，我的心绪起伏，眼含热泪，我更热爱他们，并为他们骄傲，正因为他们饱经风霜、外表凄凉。

华盛顿12月4日向他的军官们道别，动身去安纳波利斯，国会此时正在那里开会。他归还了自己的委任状，正如他自己所说，从行动的大剧院里退休，回到位于芒特弗农的家。

在伦敦，那个春天，国王乔治三世向一位艺术家本杰明·韦斯特问起，在华盛顿和他的部队赢得战争后，他将要做什么。他不打算用他的部队成立一个政府吗？韦斯特认为华盛顿现在打算回到自己农场的家里。国王回答道："如果他真的那样做了，他就是这个世界上最伟大的人。"

独立已经实现了。但是，这个新国家能够成立一个政府来维持独立、追求个人自由，并偿还它的债务吗？实现这一切的可能性在1783年看来是非常渺茫的，就像1776年看待取得独立的可能性一样。 85

第五章

美国与众不同吗？

托马斯·潘恩曾大胆地告诉美国人，他们有能力创造一个新世界。他们能吗？他们的新国家和这个世界上任何一个其他国家相比有什么不同呢？

即使在革命之前，来自欧洲的访客们就评价了旧世界和这个新世界的惊人差异，包括美国的自然景观，人口的高识字率，以及奴隶制度。革命结束后，这些特征继续将美国和其他国家区别开来，但新增了两个在革命过程中形成的差异：宗教的多样性和政治制度。

美国的每一个州，除宾夕法尼亚和罗得岛之外，都有一个官方教会，但各自的宗教仪式各不相同。18世纪中期，从北爱尔兰、苏格兰和德国来的大量移民带来了持异议的长老会、摩拉维亚教、路德教和浸信会，但并非它们的神职人员。美国的信众建立了他们自己的教会社区，并且用在欧洲不可能实现的方式来控制它们。因为在欧洲，每一个社区都有一个官方的、由税收支持的教会，那里的牧师和主教通常都是官方任命的。而在美国，

信奉一种宗教的孩子会遇到并与信奉另一种宗教的孩子结婚。在任何其他地方都不存在的宗教多样性，却在美国兴盛起来。 86

美国的浸信会教徒对宗教正统提出了最严重的挑战。马萨诸塞的艾萨克·巴克斯教士在1774年的第一次大陆会议上不请自来，还带来了他的《向公众呼吁宗教自由》一书。他抗议说，马萨诸塞议会向他的浸信会教徒收税，去支持公理会的神职人员，这违反了他们的“无代表不征税”原则。大陆会议推动马萨诸塞代表们——亚当斯们、汉考克、罗伯特·特里特·潘恩与巴克斯见面，但是四个小时的讨论没有什么成果。罗伯特·特里特·潘恩认为：“在这个事情上，信教不是问题的关键；这是关于付钱的一场抗争。”这正是英国议会对于印花税和茶叶税的看法。对浸信会教徒来说，这比付钱重要得多：他们不同意州政府有权干涉他们的宗教信仰事务。

受大陆会议支持的鼓舞，巴克斯向马萨诸塞州议会请愿免税。一些公理会教徒怀疑浸信会教徒与支持英国统治的英国圣公会合谋，州议会本打算无视巴克斯的要求，但约翰·亚当斯坚持他们必须采取行动，否则就会有风险让其他各州失去非公理会教徒的支持。州议会并没有真正采取行动——它让浸信会教徒在大陆会议再次召开时去请愿。

弗吉尼亚的浸信会教徒受到了比不公平征税更多的伤害：官方教会可以因为他们没有参加圣公会仪式就抓捕他们。浸信会教徒进行了抗议，并且尽管弗吉尼亚的1776年宪法确保了信仰自由，但州税依然继续支持圣公会神职人员。浸信会教徒继续抗议，威胁不再支持美国革命事业。他们从托马斯·杰斐逊和年轻的詹姆斯·麦迪逊（一位圣公会成员，他曾在普林斯顿的

长老会教徒老约翰·威瑟斯彭门下读书）那里找到了有力的盟军。当杰斐逊在18世纪70年代修订弗吉尼亚法典时，他提出了
87 一个关于宗教自由的法规，宣告：

> 没有人应被强迫去经常参加或支持任何宗教礼拜、场所或任何神职职位，也不应被强迫、限制、干扰或对他的身体或财产施加负担，也不能因为他的宗教意见或信仰加以惩罚，所有人都有自由去信奉，并通过辩论保留自己的宗教意见，同样，这些也绝不能减少、增加或影响他们的民事能力。

立法机构拒绝了这一提议，但麦迪逊继续推动。最终，在1785年，他赢得了这条法规的通过，令浸信会和其他教派教徒得以脱离圣公会的管控，并且不须再纳税支持一个和他们无关的教会。杰斐逊写道，这一法律确保了“犹太教徒和非犹太教徒、基督教徒和伊斯兰教徒、印度教徒以及不信教者”的宗教自由。

事实上，尽管有了宪法对宗教宽容的保证，但弗吉尼亚政府仍继续对浸信会、犹太教、穆斯林、印度教教徒及不信教者征税，以支持圣公会教徒，这让麦迪逊警觉到，仅仅有“羊皮纸文件的规定”还不足以保护少数派对抗多数派。这也向他提供了管理新独立国家这一棘手问题的解决方法。在每一个州，大多数人可以就当地事务形成意见，少数派无法抑制多数派的意愿。弗吉尼亚圣公会，或马萨诸塞公理会教徒们，可以向浸信会或其他教派教徒征税，因为他们从未成为当地的多数派。

麦迪逊也意识到，尽管一个宗教派别可以在一个州行使权

力，但整个美国包含了这么多宗教派别，任何一个都不可能在全国范围内形成垄断。这一宗教信仰的多样性确保了美国的宗教自由。由于有如此众多的教会，就不可能有单一的官方教会。麦迪逊明白，宗教的多样性或多元化，可以防止全国范围内的官方宗教。他也将此视为在其他领域——经济或政治上——防止 88
多数派独裁的一个模范。一个国家作为整体，人数众多，利益各不相同——文化、政治和经济的——这样就没有一个单独的利益派别可以形成多数派，去欺压其他少数派的利益。

很显然，由十三个自治州组成的结构松散的联盟无法运作。美国无法偿还债务——1785年，它拖欠了其来自法国的贷款；它也无法保护自己的边疆——英国保留了他们在俄亥俄境内的要塞，武装了印第安人去攻击边疆的定居点，同时西班牙也拒绝让美国使用密西西比河；它也无法保护自己的商人——1785年，阿尔及尔缴获了两艘美国船只，把船员扣作人质。

但如何改革这个体系？詹姆斯·麦迪逊意识到，联盟必须让位于一个直接依靠人民的政府。他准备了一个备忘录，列举了联盟的问题。所有问题都围绕着一点：各州拥有太多的权力。他们的政府可以任性地修改法律，让法律既复杂又混乱。任何州都有权阻止国会改革，使它无法偿还债务或执行条约。但因为是各州的立法机构而不是人民，选举产生国会，因此它既不能向公民征税，也不能对他们使用武力。

1787年夏天，各州（除罗得岛外，它认为没有理由改变该体系）都派出代表去费城召开大会。麦迪逊和弗吉尼亚代表领头，率先抵达大会。弗吉尼亚还派了华盛顿、州长艾德蒙·伦道夫、乔治·梅森（州宪法起草人）、美国最好的法律教授乔治·威思

（他培养了杰斐逊和约翰·马歇尔）和麦迪逊一起。宾夕法尼亚派来了詹姆斯·威尔森，一名在苏格兰受训的律师，以及两位没有血缘关系的莫里斯：财政部长罗伯特和一位纽约贵族的小儿
89 子古弗尼尔。南卡罗来纳派来了前州长约翰·拉特利奇，战争时期担任华盛顿副官的查尔斯·科茨沃斯·平克尼将军，以及查尔斯·平克尼，一位固执己见的年轻律师。其他代表包括约翰·迪金森，他是“一位宾夕法尼亚农民的来信”系列作品的作者，也是《十三州邦联条例》的起草人；纽约和新泽西的首席法官，哥伦比亚学院院长，马里兰律师路德·马丁；来自马萨诸塞的埃尔布里奇·格里和鲁弗斯·金。

杰斐逊将之称为“英雄人物”的聚会，但他自己并未出席，同样未出席的还有其他一些重要人物。帕特里克·亨利没有参加，纽约州州长乔治·克林顿也未出席；马萨诸塞州州长约翰·汉考克、塞缪尔·亚当斯、外交部长约翰·杰伊，以及和杰斐逊搭档的外交官约翰·亚当斯都缺席了。阿巴拉契亚山脉以西没有任何代表参加；所有的代表都是男性，都是白人，只有三个人可以被看作“普通人出身”：富兰克林，一个制皂匠的儿子，如今已是全国最富有的人之一；亚历山大·汉密尔顿，他的未婚妈妈在西印度群岛生下了他，以及曾是一位补鞋匠的罗杰·谢尔曼。

弗吉尼亚州长伦道夫提出了一个由麦迪逊草拟的计划，要成立一个全国性政府，拥有全国性的立法、行政和司法权。两院的立法机构，由人民选举产生，将可以否决州法律并对州公民征税。在两院立法机构中的代表权取决于人口；弗吉尼亚希望终止现有的体系，它让特拉华或罗得岛拥有和弗吉尼亚或宾夕法

尼亚同等的权力。

来自较小州的领导们并不愿把自己的权力让给那些更大的州，他们明白美国人民也不愿这样。迪金森尖锐地告诉那些国家主义者，他们把事情推进得太过了——尽管代表们可能更希望有一个全国性政府，但人民决不会认可它。较小州的代表们 90
起草了他们自己的计划，通过给予现有国会向人民征税的权力，以及让新宪法成为“这个国家最至高无上的法律”，约束所有的州官员——包括法官们——遵守联邦法律，而不是州法律，以此巩固现有的州联盟。但国家主义者并不妥协，他们要求在两院中都由人口来决定代表权。

当大会面临解散威胁时，来自康涅狄格的谢尔曼和威廉·塞缪尔·约翰逊，提出了一个妥协方案：立法机构中的一院将按各州人口比例确定各州代表权，而在另一院，各州拥有同等的投票权。国家主义者反对这个方案，但大会通过了它，这挽救了宪法，并为讨论其他事务铺平了道路。

古弗尼尔·莫里斯提议，将投票权仅限于拥有不动产者——拥有私人财产的个人。有人反对此提议，认为这可能会导致贵族专制，莫里斯回应说，他“很久以来就已学会不要受文字的欺骗”，例如贵族专制。“把投票权给那些没有财产的人，他们就会把它卖给那些能买得起的富人。”他警告说，有一天，“这个国家将会到处是机器和制造商，他们会从自己的雇员手里获得面包。”这些雇员会是“可靠、忠诚的自由捍卫者吗？他们会是抵制贵族专制的无法攻克的壁垒吗？”1787年时，大部分人都是拥有不动产者；他们不会反对。如果他们“拥有财富并珍惜投票的权利”，城市里的商人们就会购置财产。“如果他们没有这么做，他们就不配得到。”

约翰·迪金森同意将投票权限制于拥有不动产者——他们是“最好的自由捍卫者”，这会有效对抗“那些没有财产、没有原则的群众的危险影响”，这些人有一天会大量出现。拥有自己土地的人是独立的；他们的雇员则不是。“我们的人民中目前大部
91 分都是拥有不动产者，他们会对此感到高兴的。”

麦迪逊担心莫里斯提出的改变在非不动产拥有者也可投票的“各州会遭遇的可能反应”。通过该宪法而不引起不必要的阻碍是非常困难的。另一方面，不动产拥有者是最可靠的自由捍卫者，将来，“人民中的绝大多数将不仅不拥有土地，而且不拥有任何形式的财产”。如果这些无产者联合起来，那么不管是自由还是财富都不可能安全；更有可能的情况是，他们将仅仅“变成富人和野心家的工具”。

来自康涅狄格的奥利弗·埃尔斯沃思警告道，“选举权是一个敏感点”，人民不会支持一个剥夺选举权的宪法。皮尔斯·巴特勒也表示同意。弗吉尼亚宪法的起草者乔治·梅森，拥有众多土地和几百个奴隶，站起来维护无产者。每一个“证明自己是社会的一分子，或和社会有永久的共同利益的人，都应该分享它所有的权利和特权”。商人和资本家确是社会的一部分，但梅森更进一步，“难道商人之家，有钱的男人和大群孩子的父母们——他们的孩子将在这个国家追求自己的财富——就应该被看作可疑分子，不值得被赋予和他们国民同胞一样的平等权利吗？”梅森着眼未来，他认为大量的无产家庭并不是自由和财富的威胁，相反，他们的孩子将会在他们自己的国家里追求自己的财富。

本杰明·富兰克林明白梅森的意思。他的父母没有财产，却可敬地养育了十三个孩子，以及七个孙子。富兰克林通常在立法机构里是比较沉默的，到此时也仅仅发言了十几次，包括提出一个问题，或发表评论来指明讨论方向。有两次，他提供了长篇演讲词，提前写好稿子，请别的代表来读，他坐在那儿，像贤人一样，聆听自己的文字。而这一次，他并不需要写下自己的演讲词。

“非常重要的是，我们不应该压抑我们普通人民的美德和公共精神。”富兰克林开始了演讲。这位波士顿制皂匠的儿子提 92
醒各位代表，普通民众“在战争期间”“展现了众多的”美德和公共精神，并且为“战争的胜利做出了主要的贡献”。美国的水手们，他们处于经济阶梯的最底层，但当他们在海上被俘时，宁愿被关在可怕的英国监狱里，也不愿在英国战舰上服役。如何解释他们这样的爱国精神，尤其是和积极加入美国战舰的英国水手形成鲜明对比呢？美国和英国对待普通民众的方式完全不同。富兰克林在两个国家都有过苦难的经历，所以明白这种不同。他回忆起英国议会曾通过将投票权只赋予不动产拥有者来抑制危险的“吵闹会议”；第二年，议会就让“没有投票权的人们经受了特殊的劳作和艰辛”。大会于是决定不走英国的老路。

挑选行政领导人的方式被证明一点儿也不容易。他应该由国会挑选吗？还是州立法机构？还是由人民全体来选举？佐治亚的人民会了解马萨诸塞的准候选人吗？反过来呢？别的国家是否可以通过贿赂来干涉选举？莫里斯设计了一个精妙的系统来选举总统，考虑到了国家的大小和区域间的差别。每个州都选出选举人——他们没有任何其他行政职位——人数和各州在国会中的代表，包括参议员的人数相同。这些选举人在同一天聚集到各州的首府，共同选举出两个候选人——其中只能有一人来自他们本州。他们将自己密封的选票寄给国会，国会来计算票数。莫里斯和代表们假定没有人能获得多数选票，但一些候选人将会在特定的区域获得支持。众议院将在得票最高的五位候选人中进行投票，每州只能投一票。得票最高的候选人当选总统。第二名则为副总统，在总统不能胜任时接替总统一职，
93 但他的主要职责是主持参议院。

这一精心设计的体制假定所有的选举人组成提名委员会，这让各州都承担了选择候选人的重要角色，而由人民选举产生的众议院将做出最终的决定。只有一次，在1824年，这一体制按照它的设计者想象的情况进行了。那一年，四名候选人平分了选票，然后国会选择了约翰·昆西·亚当斯。在此之前的18世纪90年代，全国性的政党就发展出提前安排选举人投票。

大会还通过投票赋予了国会管理州际和国际间贸易的权力。但国会是否有权对进口货物征税？这一原本在英国议会手中的权力导致了这场革命。乔治·梅森认识到，弗吉尼亚依赖国际市场来销售烟草。他不希望欧洲关闭他们的烟草市场以报复美国对欧洲商品征收关税。他提出，国会需要获得三分之二的赞同票才能实施关税。而以制造业为主的州——宾夕法尼亚和新英格兰地区——则支持征收更高的保护性关税，而他们在国会可能取得大多数支持，但这三分之二的规定可以保护农业州。

梅森还加入马里兰的路德·马丁阵营，共同呼吁结束奴隶贸易。抵制可怕的奴隶贸易的一场运动在英格兰兴起了，而

美国人投入这场事业一点儿也不奇怪，尽管梅森和马丁作为奴隶主支持此事有点儿奇怪。“每一个奴隶主生来就是一个小暴君”，梅森警告说，奴隶制“会为这个国家带来上帝的惩罚”。奴隶制本身削弱了社会，压抑了自由劳动力的价值。看看西部，他提到，在越过山脉的新的疆域上开拓定居的人们，“已在寻找奴隶去开垦他们的新土地”。

康涅狄格的奥利弗·埃尔斯沃思“从未拥有过奴隶”，所以他“不能对奴隶制的效果做出评判”，但他不赞成提出这样造 94
成意见分裂的问题。如果奴隶制如梅森所说的那么罪恶的话，埃尔斯沃思认为他们“应该更进一步，解放那些美国境内的奴隶”，但如果他们不愿意那么做，限制奴隶贸易对南卡罗来纳和佐治亚并不公平，他们仍需要奴隶为他们庞大的种植业工作。南卡罗来纳的平克尼，以及佐治亚的鲍尔温警告说，如果这部宪法禁止进口奴隶的话，他们的州将会反对它。弗吉尼亚和马里兰人并不是人道主义者，而是伪君子。他们过分开垦的烟草种植地已经不再需要他们所拥有的全部奴隶；他们希望将多余的奴隶卖到佐治亚和南卡罗来纳。他们禁止从非洲进口奴隶，并不是为了推动人道主义事业，而是为了提高他们剩余奴隶人口的价值。

大会将这两个问题——关税和奴隶贸易——递交给委员会。新英格兰人，他们对奴隶贸易保持中立，但反对关于关税三分之二赞成票的规定，与赞同三分之二关税投票和继续奴隶贸易的佐治亚和南卡罗来纳进行了一番讨价还价。佐治亚和南卡罗来纳将支持对关税多数赞成票即通过的规定，作为补偿，新英格兰地区将同意他们在未来二十年内继续进口奴隶。

由于对这种讨价还价出离愤怒，乔治·梅森表示他宁愿砍掉自己的右手也不愿用它去签署这部宪法。同时，为了挽救这部宪法，梅森和埃尔布里奇·格里提出了一项权利法案。梅森提出，大部分州宪法都以权利法案开头，列举出政府不能侵犯的权利。人民会希望这部宪法也是如此。当其他的代表们托词称感到厌烦，拒绝起草权利法案时，梅森和格里就拒绝签署《联邦宪法》。格里警告说，一场国内战争正在马萨诸塞的民主派支持者（他称这些人为“政治恶魔中最坏的一批”）和与他们一样暴
95 力的对手之间酝酿着，他担心这部宪法会进一步搅动政治的水池。根据麦迪逊的说法，梅森“最后怒气冲冲地离开了费城”。

九个州同意批准《联邦宪法》生效。很快，支持者就动员起来。费城作家佩拉蒂亚·韦伯斯特同意将该部宪法称作“联邦的”，而不是“国家的”。这部宪法的支持者就这样成了联邦主义者。

在费城，詹姆斯·威尔逊针对缺少权利法案一事争辩道，这是危险且没有必要的。新政府的权力受限，且任何没有专门授予的权力都交给了人民或各州。威尔逊辩解道，如果该宪法包含权利法案的话，就相当于暗示联邦政府在以下这些领域都拥有权力——新闻、宗教、言论、被告的权利——而事实上，只有各州拥有以上权力，并且各州的权利法案会继续保护各州公民。在这部宪法里，联邦政府哪里有针对新闻、宗教或言论的权力？哪里有关于陪审团审判或被告的权利，或持有及携带武器的权利？

反对者也同样迅速地出现了，他们反对新政府拥有太多的权力，以至于它将凌驾于各州政府之上，同时该宪法缺少权利法案。“我坦白，我进入这栋大楼时在门槛上绊倒了，”塞缪尔·亚

当斯写信给理查德·亨利·李说道，“我在与一个国民政府会面，而不是各州的联邦。”如宪法前言所说，“我们，合众国的人民”主张，该政府是建立在这个国家的人民基础上，消除了各州的界限。第六条第二部分写道，该宪法和国会制定的法律是“这片土地上的最高法律”，各州法官应遵循联邦先例，“宪法或州法律中有明确相反规定的情况除外”。这难道不是让各州权利法案失效了吗？ 96

对于威尔逊认为联邦政府对权利法案保护的事项没有任何权力的说法，反对者指出第一条第九部分，上面写着人身保护权不能取消。如果这项权利——在没有被正式起诉前不能拘禁——可以被取消的话，是否意味着其他的权利也可以呢？联邦政府是否有凌驾于司法程序以外的权力？同时在第一条第八部分中明确地列举了国会的权力，它以两条不详的条款作为开头和结尾：国会有权“偿还债务并提供美国的共同防御和……公共福利”，以及国会有权“为执行前述的权力而制定所有必要和适当的法律”。帕特里克·亨利称之为“兜底条款”，它扫除了各州的权力。

特拉华和新泽西迅速且意见一致地批准了该宪法。佐治亚也支持该宪法，但需要新政府为它和克里克族之间的战争提供帮助。宾夕法尼亚的审批大会在12月举行，尽管反对派进行了动员，抗议缺少权利法案及新政府的权力，但他们因票数过少失败了。1788年1月，康涅狄格、新罕布什尔和马萨诸塞都分别举行了大会。前两个州被认为会很容易批准。康涅狄格确实如此，但新罕布什尔的联邦派推迟了大会，因为他们了解到反对派人数超过了自己。

马萨诸塞是个难题。塞缪尔·亚当斯反对此宪法；约
翰·汉考克保持缄默；大会还包括约十八到二十名代表，他们在
年初时全副武装以反对州政府的权力。这样一个大会不可能会
支持一个权限更大的联邦政府。马萨诸塞的联邦派因此准备了
一个妥协方案。他们将在新政府成立之后支持修正案——权利
97 法案。但首先，马萨诸塞必须批准该宪法。尽管别处的联邦派
坚持认为修正案没有必要，但在马萨诸塞，支持者把它当作批准
的代价。马萨诸塞最终以187票对168票通过了该宪法，并保证
一旦新政府成立，就提出修正案。

随后，南卡罗来纳和马里兰也通过了，他们也都提出了修正案要求。查尔斯·科茨沃斯·平克尼在南卡罗来纳大会上，针对权利法案的要求，指出权利法案通常都以宣称“所有人生来平等自由”来开头。“我们应该会很不情愿做出这样的声明，”他说，“因为我们中的大多数人实际上生下来就是奴隶。”

到此时，八个州都通过了《联邦宪法》。罗得岛通过直接投票否决了该宪法，而北卡罗来纳大会也肯定会投反对票。新罕布什尔、纽约和弗吉尼亚都还未确定——尽管纽约倾向于反对——他们的大会都将在6月举行。麦迪逊在弗吉尼亚与帕特里克·亨利对抗，后者在州政府中势力强大。亨利指责说该宪法将牺牲宗教自由；麦迪逊则提醒各位代表，弗吉尼亚宪法承诺了宗教自由，但直到州通过了宗教自由法令，浸信会和其他教派的教徒仍然被征税去支持圣公会教会。他也不需要再提醒大家谁是这条弗吉尼亚法令的发起者；亨利一直是它的主要反对者。当乔治·梅森攻击该宪法允许奴隶贸易继续下去时，亨利却因为它威胁取消奴隶制而反对。

麦迪逊也同意在批准后补充修正案。弗吉尼亚提出了四十条修正案要随后添加上去，但最终以89票对79票批准了《联邦宪法》。此时，新罕布什尔已是第九个批准该宪法的州。当纽约大会知道《联邦宪法》将要生效时，它也批准了。 98

依照该宪法选举产生的新政府于1789年春天在纽约成立。大部分州都派出宪法的支持者进入参议院。在众议院的选举中出现了一些意外。波士顿的费舍尔·埃姆斯击败了塞缪尔·亚当斯；弗吉尼亚的麦迪逊击败了宪法的反对者詹姆斯·门罗。所有选举人意见一致地选举华盛顿担任美国第一任总统。获得34票的约翰·亚当斯担任副总统。在设立了国务院、财政部、作战部、总检察院、五人组成的最高法院和各州的地区法院之后，国会将注意力转向起草权利法案。麦迪逊此时将修正案视为批准的代价。他收集各州递交的提案，各州的权利宣言，在参考众多的提案之后起草了十二条修正案，提交给各州。

华盛顿任命了许多能人担任联邦政府的新职位。原外交部长约翰·杰伊出任了首席法官，并同时兼任国务卿，直到托马斯·杰斐逊接受了该职务。亚历山大·汉密尔顿担任财政部长。原作战部长亨利·诺克斯继续留任，弗吉尼亚州长埃德蒙·伦道夫成为总检察长。华盛顿期盼各部门和睦，但政治分歧迅速出现了，包括国内事务和国际事务。

在如何对待法国大革命这件事上，出现了最明显的分歧。法国人民于1789年推翻了君主专制，在它的统治下，法国既不能解决富人和穷人之间的巨大鸿沟，也不能找到一个公平的方式来偿还本国的巨额债务。美国人欢迎自由事业的发展——美国派往法国的大使杰斐逊赞许地看待法国国民大会要求更多权利；拉斐特号召实行君主立宪制，而被选入国民大会的托马99 斯·潘恩写下了它的宣言——《人权宣言》。但这场革命演变成无政府状态，出现了更多激进派别要求铲除贵族统治、教会，以及所有旧秩序的残余。

副总统约翰·亚当斯警告说，法国正走向困境。没有国家能够简单地摒弃旧政府而无混乱的风险。一群费城暴徒冲击了刊登亚当斯言论的报纸，指责亚当斯崇拜贵族统治和君主专制。在全国范围内，支持法国的民众成立了“民主共和协会”，模仿法国雅各宾俱乐部，把法国大革命看作美国革命和拥抱自由、平等与友爱的事业所引起的滞后效应而进行庆祝。

在美国就法国问题产生分裂之际，财政部长汉密尔顿提议，美国应偿还独立战争期间的债务，在威士忌上增加消费税以帮助还债，并设立国民银行来帮助政府借钱。麦迪逊反对这些政策，首先争辩说弗吉尼亚和其他的一些州已还清了它们的债务，它们的居民不应承担别人的债务；同时，用这样的方式还债，对已经服过役的士兵并没有帮助，却有利于那些买下这些债务的投机分子；征收消费税在政治上是不明智的；而且开设国民银行违反了宪法，因为国会没有权力去批准成立公司。

汉密尔顿辩解道，战争债务是为了国家的利益而产生的。他相信，确保资本家和投机者的支持是非常关键的；对威士忌收消费税，尽管在政治上不受欢迎，但有必要且能从边疆带来收入；尽管宪法没有赋予国会成立银行的权力，但它也没有禁止这么做。这和其他一些未专门授予的权力一样，都应适用于“必须而适当的”条款。

各政党于是沿着这些裂痕继续发展。受麦迪逊和杰斐逊

领导的民主共和党，普遍反对华盛顿政府的政策，而亚历山 100
大·汉密尔顿领导的联邦派则支持政府。华盛顿作为一个国家英雄可以置身于党派政治之外，而联邦派不把自己看作一个政党，而是合众国政府。他们的力量来自新英格兰地区以及费城商人、弗吉尼亚沿海贵族和南卡罗来纳的农业种植主们。反对派则被称为共和党，他们的实力来自边疆地区、城市工匠、小贸易商、纽约农民、宾夕法尼亚激进宪法的支持者，还有弗吉尼亚和南北卡罗来纳的山麓及偏远地区。这些政治派系出现在法国大革命的背景之下。共和党指责联邦派试图推行君主制或贵族统治，而联邦派则指责共和党拼命限制政府权力，意在动摇国家权力机构。

对威士忌征税激起了边疆的抗议，令人回忆起18世纪60年代。宾夕法尼亚西部、肯塔基和北卡罗来纳的农民，将玉米倒进威士忌里以便更容易运输和销售，他们竖起了自由旗杆，抗争说消费税不公平地增加了这些贫困地区的负担，他们根本无力承担这样的税。不满足于用焦油涂抹收税官身体并粘上羽毛，一些激进分子威胁要焚烧匹兹堡。

边疆的农民们抗议说，政府要求他们支持，却并没有为他们做什么。华盛顿政府无法保护边疆地区的人民，使他们很容易受到英国人支持的印第安人的攻击。阿瑟·圣克莱尔将军1791年11月被派去平定俄亥俄的迈阿密印第安人；迈阿密人和他们的盟军战胜了圣克莱尔的队伍，他的一千四百人中有九百人被杀或受伤。与此同时，受西班牙控制的密西西比河阻挡了宾夕
法尼亚、俄亥俄、西弗吉尼亚和肯塔基的农民通往海上的道路。 101

当宾夕法尼亚西部抗议者威胁要推翻当地政府时，华盛顿

总统于1794年派出超过一万人的军队去平息“威士忌叛乱”。该地区人们指出，政府派了十倍于保护他们免遭迈阿密印第安人攻击的军队来攻打他们，而当联邦军抵达时，叛乱已经平息了。但就在同一年夏天，安东尼·韦恩领导的一支队伍在鹿寨（如今的俄亥俄莫米地区）与迈阿密人开战。美国人在此战斗中取得了胜利，尽管不是决定性的；萧尼族撤回到位于迈阿密要塞的英军据点，但被拒之门外。第二年，萧尼族和迈阿密族同意撤出俄亥俄南部。

华盛顿展示了美国政府有能力确保边疆安宁，不受印第安人和边疆居民骚乱的干扰。在骚乱平静之后的一年一度国会咨文中，华盛顿恭喜美国人民生活在一个可以确保他们安全和自由的政府领导下。但他批评了“某些自创的团体”——民主共和党——挑起了边疆地区的政治风波，阻碍了政府的管辖能力。和18世纪60年代一样，两支不同理念的政党出现了——一支是华盛顿的，认为选举产生的政府应该履行职责，免受被管辖者的干扰；另一支是反对派，认为被管辖者有根本权利——和权力——去管理他们的管理者。这次的紧张局面不会推翻这一体系，而将在体系内得以化解。

当约翰·亚当斯1797年当选为总统时，美国的主要问题是和法国的关系，法国当时已对英国开战。华盛顿政府宣布美国保持中立，但派了首席法官约翰·杰伊去同英国协商一个新贸易协定。这下法国的战舰掉转炮口对准了美国商船。

亚当斯明白副总统杰斐逊在法国很受欢迎，也清楚他的外交能力，于是提议派他去巴黎磋商。但杰斐逊认为，副总统去磋商协定并不合适，且联邦派并不赞同派他去。于是亚当斯派出了一个代表团——马歇尔、平克尼和格里——尽管法国官僚们拒绝和他们谈判，除非美国人愿意贿赂他们。当他们的敌意被传到费城时，国会建立了一支海军去保护美国商船，授权亚当斯组建军队（华盛顿已从总指挥的职位上退休了），并通过了“外国人和惩治叛乱系列法”。

《惩治叛乱法》将撰写、发表或表达任何蔑视、仇视或嘲笑总统或国会的内容，都视为违反联邦法。十四位报纸编辑和一位国会议员都因此被送进了监狱。这条法律于1801年终止，意味着在此期间，这个国家进行两次国会选举和一次总统选举的同时，批评国会成员或总统本人都是违反联邦法律的。《外国友人法》允许将来自对美国友好国家的外国人驱逐出境，只要他们对美国的和平和安全造成威胁。这最初是针对爱尔兰移民，他们中很多人都是积极的共和党人。《外国敌人法》允许总统驱逐任何外国人，不管他是否危险，只要他来自和美国交战的国家。《归化法》使得移民更难成为公民。

杰斐逊称之为“女巫的统治”，他和麦迪逊秘密地起草了被弗吉尼亚和肯塔基立法机构通过的决议，将“外国人和惩治叛乱系列法”称为违反宪法的联邦权力扩张。但并没有其他州加入此反对行列。看起来，联邦派将通过民选政府的组织和运作确保自己的权力。

有两件事阻止了这种情况的发生。第一件是新法国政府真诚地希望和美国人谈判；第二件是共和党为1800年的选举进行动员。正如马萨诸塞的联邦派费舍尔·埃姆斯所抱怨的，共和党将每一次“去壳蜜蜂（农民集体剥玉米壳的活动）”、加高牲口棚，甚至每一场葬礼都变成了一次政治集会，这些终结了联邦派对众议院、参议院和行政部门的控制。这是一个新现象，一个执政的政府被通过普选的另一个所取代，被赶下台的政府回家了。

托马斯·杰斐逊将他1800年的选举当成一场“革命”，并非是因为推翻了一个政府，而在于旋转并回归最初的原则。在他就职的最初几周，杰斐逊写信给曾在1776年革命中起关键作用的同僚们。他对约翰·迪金森写道，他的内阁将“把我们国家这艘大船放在她的共和党立场上，这样她将通过优雅的行动显示出她的缔造者的伟大”。他没有写给约翰·亚当斯，后者在杰斐逊宣誓就职之前就离开了华盛顿。但他写信给塞缪尔·亚当斯说，他的就职演说是致“元老们”的信，他想知道其中每一句话是否就是塞缪尔·亚当斯的“精神”所在。

在他的就职演说中，杰斐逊回顾了这个国家刚刚经历的“政见争论”，认为公众讨论的高涨会警醒那些“还不适应思想和言论保持统一的陌生人”。但既然最终已遵照宪法尘埃落定，所有人都将平静地去做自己的事情。关于18世纪90年代的政治分歧，他解释道：“每一个意见的分歧并不是原则的分歧。我们用不同的名字去称呼那些相同原则的同胞。我们都是共和党人，我们也都是联邦派。”

杰斐逊会用政府的权力去惩罚他那些试图压制反对声音的政敌吗？他不会。联邦派弄错了美国权力的本质。政府的力量依赖于有知情权的公民，而不是一支常备军或一部惩治叛乱法。这个他称之为“世界上最好的希望”的新政府，是“唯一一个她

的每一个成员都在法律的号召下，遵守法律的标准，并将应对违反公共秩序的行为视作自己个人的职责”的政府。这是一个新

想法，即公共秩序是每一个公民的个人职责。

杰斐逊知道，一些正直的人会害怕人性。“据说，有时候人不能被他自己的政府所信任。”但接着他问道：“那他值得别人的政府信任吗？或者我们能找到以国王身份出现的天使去管理他吗？让历史来回答这个问题吧。”

杰斐逊简洁地陈述了他的政府所遵循的原则。政府应该防止人们伤害他人，除此之外，就应该让人们自由处理他们自己的事务。如果任何人企图分裂联邦，正如联邦派之前指控共和党那样，或者改变它的共和国属性，如同共和党之前指控联邦派那样，“那就让他们不受打扰地在那儿吧，如同自由纪念碑一样，观点的错误是可以容忍的，真理自然能够战胜它”。杰斐逊表示，这些原则指引着这个国家经历了革命和改革时代。这一政府权力有限的理念，既是杰斐逊的政治信条，同时也如他所说，是美国革命信条的标准，它一直都是联邦体系的运行原则，直到美国内战爆发。

詹姆斯·门罗，美国独立战争元老中最后一位担任美国总统的人（他1776年与华盛顿一起渡过特拉华河），于1824年邀请拉斐特——独立战争最后一位在世的少将——作为国宾回到美国。拉斐特在法国大革命中失去了财产，甚至几乎送了命。他被关押在奥地利；他的妻子差点儿上了断头台。他与拿破仑及复辟的法国王朝关系不睦，他拒绝为一个非民选政府服务。法国政府镇压了向他告别的公众游行。和1777年一样，他又一次乘船离开了法国，这次仅有他的儿子、秘书和男仆陪着他。 105

自拉斐特第一次到访美国之后，美国发生了变化，欧洲也是。当时各国君主们统治了世界，英国、法国、西班牙、葡萄牙和荷兰瓜分了美国。到1824年时，海地、阿根廷、委内瑞拉、墨西哥、秘鲁、巴西和美国的人民都纷纷独立。他们的革命也动摇了欧洲本身。

在拉斐特1777年第一次到达美国时，只有不到三百万美国人——有黑人和白人，不算印第安人——全都住在大西洋沿岸；如今，美国共有一千二百万人口（不包括印第安人），他们的疆土拓展到了太平洋。他们在自己的土地上开挖运河，修造蒸汽船，把他们的货物运过大西洋。美国海军沿着大陆的海岸线巡逻——大西洋、海湾和太平洋——门罗总统宣布，美国的新世界不会容忍任何欧洲的入侵。在1824年巴黎举行的华盛顿诞辰庆祝活动上，拉斐特向门罗主义举杯致敬，认为它是“人类权利和欧洲专制主义及贵族专制主张的一场伟大竞争”的一部分。

在华盛顿，拉斐特见到了西蒙·玻利瓦尔派来的使者，他是哥伦比亚、委内瑞拉、厄瓜多尔、玻利维亚和巴拿马等国的解放者，他向拉斐特赠送了一枚金质奖章，一幅华盛顿画像，以及“来自共同事业的一个老兵的个人祝贺”。9月6日拉斐特生日那天，约翰·昆西·亚当斯总统举办了一场白宫晚宴。在亚当斯向华盛顿的生日2月22日致敬之后，拉斐特举杯向7月4日“两个半球的自由生日”致敬。

拉斐特访问了所有二十四个州，似乎所有一千二百万美国人都出来迎接他了。他和总统们以及政治领袖们待在一起，和自由的黑人家庭和印第安人待在一起，和边疆的农民们以及城市商人们待在一起。他记得曾与他一起战斗过的老兵的名字，并为邦克山纪念碑亲自奠基，他还把战场上的泥土带回了家乡，这样当他死时，他可以埋在这些泥土中。

图10　拉斐特在1824年到1825年的胜利回归之旅中访问了每一个州；1825年6月，他为邦克山纪念碑亲自奠基；他回法国时，从邦克山带去了足够的泥土，这样在他1834年去世时，他可以埋在这些土里

虽然拉斐特依然毫不掩饰对自由事业的热情，但他也看到了美国的局限性。他曾敦促华盛顿反对奴隶制，甚至在革命时期也是如此。华盛顿关于奴隶制的态度在战争期间有所改变：107
在他到达坎布里奇时，他曾试图阻止黑人加入大陆军。不过，他

于1775年年底取消了这一命令，且在战争结束之前，他发誓将永不会再买卖任何人（这个誓言他并未遵守）。到战争结束时，他还鼓励亨利·劳伦斯，一位南卡罗来纳种植园主的儿子，尝试从南卡罗来纳奴隶中招募黑人军队，这些黑人将为他们主人的自由而战，而作为回报，他们自己也将获得自由。

也许看起来18世纪80年代奴隶制已受到了制约。马萨诸塞的黑人男女们曾在18世纪70年代早期发起请愿要求自由。当1780年的新州宪法宣布所有人都自由和平等时，马萨诸塞的奴隶们就来到法院。在夸克·沃克（伍斯特郡的一个奴隶）和伊丽莎白·弗里曼（伯克郡的一个奴隶）这两个案件中，陪审团发现，遵照新宪法，一个人是无权拥有另一个人的。在1790年的首次人口普查中，马萨诸塞州成为唯一一个没有奴隶的州。

宾夕法尼亚议会1780年通过了一部逐步解放的法律，让那些生而为奴隶的孩子在他们年满二十八岁时获得自由。宾夕法尼亚的政治领导人们有实际的和人道主义的理由反对奴隶制。首先，宾夕法尼亚受奴役的人们，希望英国获胜以获得自由，曾协助过英国在当地的占领。很多人投向了英国一方，他们与其他人于1778年和保皇派一起离开了。在占领结束后，有技能的白人搬了进来，他们接手了原本由奴隶承担的职位。在战争期间和战后，一场解放奴隶的运动刚好和北方各州的黑人人口下降同时发生了。但即使在弗吉尼亚，卫理公会的教徒们依然请愿要求结束奴隶制。

除了游说华盛顿外，拉斐特还敦促杰斐逊和麦迪逊公开他们对奴隶制的看法。在杰斐逊的《弗吉尼亚往事》（1782）中，他将奴隶制称为“最坚持不懈的暴政”，它允许“一半的国民践踏另一半的权利”，让前者成为暴君，并把后者变为敌人。“当我明白上帝是公平的，我真正地为我的国家感到焦虑：上帝的公平不会永远沉睡”，且“万能的上帝在这样一场竞赛中不会偏袒我们”。

但杰斐逊不会再说什么了。弗吉尼亚在18世纪90年代考虑并最终拒绝了逐步解放的法律提案；直到1831年，爆发了南安普敦郡的纳特·特纳叛乱后，它才再次提出此议题。弗吉尼亚人支持1787年颁布的《西北法令》，废除俄亥俄河以北地区的奴隶制，杰斐逊总统也于1807年督促国会实现宪法赋予的权力，结束奴隶贸易。但无论是他还是麦迪逊都不会公开攻击奴隶制，他们更不会解放自己的奴隶，但他们的私人秘书爱德华·科尔斯却做到了，他于1819年解放了自己的奴隶，并把他们安置于他在伊利诺伊购买的土地上。作为19世纪20年代的州长，科尔斯阻止了在伊利诺伊引进奴隶制的企图。

杰斐逊和麦迪逊，甚至拉斐特，可能都曾相信，通过禁止在俄亥俄以北实行奴隶制，同时禁绝国际奴隶贸易，他们已将奴隶制引向灭亡之路。但到了19世纪20年代，这一制度依然还在流行。奴隶制已耗尽了弗吉尼亚的土地，卡罗来纳的农业种植也已达到了饱和点。伊莱·惠特尼，一个聪明的北方佬，在18世纪90年代到访了由一个佐治亚人为表达感激赠予纳撒尼尔·格林的种植园。在了解到州里举行了一场比赛，以开发更快的方式整理和压平棉花时，他参赛了，并用自己的“棉花机”或“轧棉机”赢得了比赛，该机器可以清理棉花秆里的籽，并拉直纤维。棉花成为美国最主要的出口货物，它们由奴隶们在一条从佐治亚向西延伸的贫瘠地带上种植，用船运到英国的制造中心或新

英格兰地区新建成的纺织厂。约翰的曾孙亨利·亚当斯写道，
109 在1815年之后，美国人更多考虑的是棉花的价格，而不太考虑人权了。棉花成为美国的主要出口货物，而美国到1820年成为世界上主要的棉花生产地。1860年，一位南卡罗来纳参议员宣告，“棉花为王”。

棉花的扩张增加了对奴隶的需求，并提高了佐治亚、亚拉巴马和密西西比等州的土地价值。乔克托族、克里克族、契卡索族和切罗基族妨碍了人们开垦这些土地。这些部落住在大的城镇里，种植固定的农产品，这些“已开化的部落”已与美国签订了协议，但佐治亚、亚拉巴马和密西西比这些州决定把他们赶走，买卖他们的土地，并开发为棉花种植地。1830年，国会通过了《印第安人迁移法》，号召订立协议，把所有的印第安人——不论是美国的盟友还是敌人——都迁往现今的俄克拉何马州。

这一计划很久以前就准备好了。拉斐特从一个在伊利诺伊州卡斯卡斯基亚为他举办的正式舞会上被叫走，去见一位名叫玛丽的印第安女人。她1800年来到伊利诺伊，离开她被毁掉的易洛魁家园，白人正在坚定地向西部入侵。她的父亲是易洛魁战士潘尼希沃华，给了她一个小小的皮袋子，里面有“最强大的神灵”可以对抗白人的入侵；所有见过的人无不动容。她把这个护身符带来给拉斐特看。她从这个袋子中取出一张脆弱的纸，这是拉斐特于1778年写给潘尼希沃华的一封推荐信，如今被他女儿作为父亲致力于“美国伟大事业”的神圣遗物保存着。

在水牛城，一座当潘尼希沃华和其他易洛魁人被赶往西部之后出现的城市，拉斐特进入新的伊利运河，它连接了内陆地区到纽约及东海岸。锯子和铁锤的声音不断充斥在空气中，大树

一棵棵倒下，它们所在的地方变成了一座座大楼。先是有了一个供游客和初到者逗留的旅馆，接着出现了印刷报纸的店铺，接着，民宅、学校也出现在这个美国人正在改造的世界中。 110

在水牛城，拉斐特见到一位老战士——雷德·杰克特，他还记得四十年前见到这位法国将军时的情景，当时美军和印第安人在斯坦威克斯要塞讲和。在回忆了过去愉快的一幕幕之后，拉斐特问雷德·杰克特，“当时那位口才极好，反对放下战斧的年轻印第安人”现在怎么样了？

“他此刻正站在您面前。”雷德·杰克特回答道。

“时间改变了我们许多，”拉斐特回应道，“我们那时年轻又敏捷。”现在他们都是老人了，感谢半世纪之前他们参与的那场战争，他们正身处一个年轻的、正在改造自己的国度，无论是好是坏。

拉斐特的到访激起了美国人计划在1826年7月4日庆祝那场革命的五十周年纪念。签署《独立宣言》的三个人还活着——亚当斯、杰斐逊和马里兰州卡罗尔顿的查尔斯·卡罗尔。他们都太虚弱不能亲自参加了。事实上，杰斐逊和亚当斯都在7月4日当天过世，但都送来了他们的祝福，盼望这片土地上的人们将继续创造这个新世界。

杰斐逊希望，7月4日将是“传递给这个世界的一个信号，站起来的人们挣脱他们的枷锁……并将承担自治的祝福和安全”，这必须建立在无限理性的“自由权利”之上。“所有的眼睛都睁开了，或正在睁开，看到了人们的权利。科学之光普照大地，”杰斐逊说，“这让每一个人都看到这个明显的真理，即众人不是身来就背负枷锁，也不是一些幸运儿受到神的恩典，生来就穿着马

111 靴，戴着马刺，合法地骑在别人身上。这是大家希望的根基。”

在马萨诸塞的昆西，市民请约翰·亚当斯去参加他们7月4日举办的庆祝活动。他拒绝了。他们问他是否愿意以他的名义致祝酒词。他很乐意这么做。

“永远独立！”

还有别的吗？

112 “没有了。”

索　引

（条目后的数字为原书页码，见本书边码）

A

B

C

D

G

H

I

J

K

L

M

N

O

P

Q

R

S

T

U

V

W

Robert J. Allison

THE AMERICAN REVOLUTION

A Very Short Introduction

For Matthew and Susan Galbraith
Ever learning new things

Contents

List of illustrations

Chronology of the American Revolution

1754	
June 19	Albany Conference
July 3	Washington defeated at Fort Necessity
1755	
July 9	Braddock defeated in Pennsylvania
1759	
September 13	British capture Quebec
1760	
September 8	British forces take Montreal
1761	Writs of Assistance case
1763	Treaty of Paris
	British government bars settlements west of Alleghenies
	Pontiac's Rebellion
1764	Parliament passes Sugar Act
1765	
March 22	Parliament passes Stamp Act
August 14 & 26	Stamp Act Riots in Boston
October 7–25	Stamp Act Congress meets in New York

1766	
March 17	Parliament repeals Stamp Act
1767	
June 29	Townshend Acts impose new tariffs on British goods
1768	
June 10	John Hancock's ship *Liberty* seized for failure to pay taxes
November 1	British troops arrive in Boston
1770	
January 19–20	Sons of Liberty and British soldiers skirmish at Golden Hill, Manhattan
March 5	Boston Massacre
April 12	Parliament repeals all Townshend duties except on tea
1771	
May 16	Regulators defeated at Battle of Alamance
1772	
June 9	*Gaspee* burned
1773	
April 27	Parliament passes Tea Act
December 16	Boston Tea Party
1774	
March 31	Parliament closes port of Boston
May 20	King approves suspension of Massachusetts government
June 22	Quebec Act
September 5–October 16	First Continental Congress meets in Philadelphia
September 17	Congress adopts Suffolk Resolves

1775

February 9	King declares Massachusetts to be in rebellion
April 19	Battles of Lexington and Concord
May	Ethan Allen and Benedict Arnold capture Fort Ticonderoga Congress reconvenes in Philadelphia
June 17	Battle of Bunker Hill
July 3	Washington takes command of Continental Army
November 7	Lord Dunmore offers liberty to slaves who rebel against rebellious masters

1776

January 1	Lord Dunmore has Norfolk burned
January 10	Thomas Paine publishes *Common Sense*
February 27	Battle of Moore's Creek Bridge
March 17	British evacuate Boston
June 4–28	Clinton fails to take Charleston, South Carolina
July 2	Congress adopts Independence
July 4	Congress adopts Declaration of Independence
August 27	Battle of Long Island
September 11	Peace conference on Staten Island; Franklin, Adams, and Edward Rutledge meet Admiral Howe
September 15	British forces land on Manhattan
September 20–21	New York fire
October 28	Battle of White Plains; American flotilla defeated on Lake Champlain
November 16	British take Fort Washington
November 20	British take Fort Lee
December 26	Battle of Trenton

1777

January 3	Battle of Princeton
July 5	Burgoyne takes Ticonderoga

August 16	Battle of Bennington
September 11	Battle of Brandywine
September 26	British occupy Philadelphia
October 4	Battle of Germantown
October 17	Burgoyne surrenders at Saratoga
Winter 1777–1778	Washington and army at Valley Forge
1778	
February 6	France recognizes American independence
April	French fleet sails for America
April 23	John Paul Jones attacks British Isles
June 18	British evacuate Philadelphia
June 28	Battle of Monmouth
August 29	Americans and French fail to take Newport
September 23	*Bonhomme Richard* fights the *Serapis*
December 29	British capture Savannah
1779	
February 25	Americans capture Vincennes
June 4	Virginia legislature considers but rejects Statute for Religious Freedom
June 16	Spain declares war on England
October 28	French and American forces end unsuccessful siege of Savannah
1780	
March 14	Spanish capture Mobile
May 12	Charleston surrenders to British
July 11	French army and fleet arrive at Newport
August 16	Battle of Camden (South Carolina)
September 23	Discovery of Benedict Arnold's treason
October 7	Battle of King's Mountain
December 20	Britain declares war on Dutch

1781	
January 5	Arnold captures Richmond
January 17	Battle of Cowpens
March 15	Battle of Guilford Courthouse
May 9	Spain captures Pensacola
August 4	Cornwallis occupies Yorktown
September 5–9	French defeat British fleet off Chesapeake
October 19	Cornwallis surrenders at Yorktown
1782	
November 30	Treaty of Paris signed
1783	
March 15	Washington puts down Newburgh conspiracy
June 21	Pennsylvania mutiny
July 8	Massachusetts jury rules that slavery violates state constitution
September 3	Treaty of Paris signed, ending war
October 7	Virginia grants freedom to slaves who served in war
November 25	British evacuate New York
December 23	Washington resigns commission
1784	
1785	
1786	
January 16	Virginia passes Statute for Religious Freedom
August 29	Insurgent Massachusetts farmers put down courts
September 11–14	Annapolis conference proposes revising Articles of Confederation
1787	
January 25	Shays's Rebellion put down in Massachusetts
May 25–September 17	Convention drafts new Constitution

July 13	Congress passes Northwest Ordinance
December 7	Delaware ratifies Constitution
December 12	Pennsylvania ratifies Constitution
December 18	New Jersey ratifies Constitution
1788	
January 2	Georgia ratifies Constitution
January 9	Connecticut ratifies Constitution
February 6	Massachusetts ratifies Constitution, proposes amendments
April 28	Maryland ratifies Constitution, proposes amendments
May 23	South Carolina ratifies Constitution, proposes amendments
June 21	New Hampshire ratifies Constitution
June 25	Virginia narrowly ratifies Constitution, proposes amendments
June 26	New York ratifies Constitution
	American ships establish trade between Columbia River and China
1789	
February 4	George Washington elected president, John Adams vice president
March 4	New U.S. Congress meets in New York
April 30	Washington inaugurated as president
September 25	Congress approves constitutional amendments (Bill of Rights)
November 21	North Carolina, which rejected Constitution in 1788, ratifies
1790	
May 29	After rejecting constitution in 1788, Rhode Island ratifies

October	Miami, Shawnee, Delaware defeat U.S. forces at Maumee River
1791	
February 25	Washington signs bill creating Bank of the United States
March 3	Congress approves whiskey tax
1791	
March 4	Vermont joins union
November 4	Miami confederacy defeat American troops at Wabash River
December 15	Bill of Rights ratified
1792	
June 1	Kentucky joins union
1793	Eli Whitney develops cotton gin
April 22	President Washington declares U.S. neutral in war between England and France
1794	
March 27	Congress authorizes building of frigates to defend American ships from Barbary states
July–August	Whiskey Rebellion
August 20	United States defeats Miamis and others at Battle of Fallen Timbers
November 19	United States and Britain make treaty
1796	
June 1	Tennessee joins union
	Washington announces he will not be a candidate for reelection
December 7	John Adams elected president, Thomas Jefferson vice president

1797	
October 18	French officials demand bribes from American diplomats
1797–1800	War with France
1798	First American trading voyage to Japan American ships reach Arabia
July 14	Congress passes Sedition Act
1799	
December 14	George Washington dies
1801	Thomas Jefferson elected President
1801–1805	War with Tripoli
1803	United States purchases Louisiana Territory from France
1807	
June 22	British warship *Leopard* attacks USS *Chesapeake* off Virginia coast
1808	
January 1	United States bans the trans-Atlantic slave trade Embargo closes American ports
1811	
November 7	U.S. forces defeat Shawnee at Tippecanoe
1812	
June 18	United States declares war on Great Britain
August 16	Detroit surrenders to British and Native American forces
August 19	USS *Constitution* defeats HMS *Guerrierre*
1813	
October 5	Battle of Thames, Shawnee warrior Tecumseh killed

1814	
March 27	American, Cherokee, and Choctaw warriors defeat Creeks at Horseshoe Bend, Alabama
December 24	American and British negotiators agree on peace treaty at Ghent, Belgium
1815	
January 8	Battle of New Orleans
1824	
August 15	Lafayette arrives as guest of nation
1825	
June 16	Cornerstone of Bunker Hill Monument laid
1826	
July 4	Thomas Jefferson and John Adams die

Preface

"The History of our Revolution will be one continued lye from one end to the other," John Adams predicted. "The essence of the whole will be *that Dr. Franklin's electrical Rod smote the Earth and out sprung General Washington. That Franklin electrified him with his rod—and thence forward these two conducted all the Policy, Negotiations, Legislatures, and War.*"

Adams objected partly because this fanciful retelling ignored him. But it also ignored other details, such as causes and consequences. What caused the Revolution? Political oppression? Economic hardship? Parliament reduced taxes on Americans, who were growing more prosperous than the English; despite widespread rioting in the colonies, the only people the British government arrested in the 1760s and 1770s were British soldiers who shot at protesting Americans. The American protests over taxes and government produced a new kind of political system in which the majority governs but individuals maintain their liberty.

The story of individuals protecting their rights in a system where the majority governs begins in the Revolution, when men and women set out to protect their liberty by mobilizing their neighbors and public opinion. To understand how this system came into being, if it was not simply created by Franklin's lightning rod and an electrified Washington, we must look into the "Policy, Negotiations, Legislatures, and War," and the many people who brought the Revolution about.

Acknowledgments

As this book introduces the American Revolution, I thank those who introduced me to that event. My mother, who hates history, took me to Washington's headquarters in Morristown; through a window I caught a quick glimpse of a white wig and a Continental uniform as a mysterious figure rose from Washington's desk, then vanished. Ever since I have trailed that elusive phantom, and I thank many good park rangers—in New Jersey, Massachusetts, and points south and west—for bringing us closer.

My late friend Mike Bare brought Fort Ticonderoga together with South Boston, Roxbury, and Dorchester; his memory will be cherished with the events he nobly reimagined. I am indebted to him and to the noble reimaginings of Bernard Bailyn, Robert Bellinger, John Cavanagh, David Hackett Fischer, William Fowler, Robert Gross, Robert Hall, Susan Lively, Pauline Maier, Louis Masur, Joseph McCarthy, Drew McCoy, Joseph McEttrick (thanks to whom I was both juror and defendant in the Boston Massacre Trial), Gary Nash, John Tyler, Ted Widmer, and Matt Wilding.

The Boston National Historical Park, Bostonian Society, Old South Meeting House, Adams National Historic Site, Grand Lodge of Free and Accepted Masons of Philadelphia, Massachusetts State Archives, Paul Revere House, Shirley-Eustis House, Salem Athenaeum, Exploritas, and teacher workshops (under the Teaching American History program, Primary Source, and Outward Bound/Expeditionary Learning) in Massachusetts, Illinois, and Tennessee, allowed me to share this story with engaged audiences, whose questions and challenges helped me think it through. Students of the American Revolution, Benjamin Franklin, and Boston history at Suffolk University and the Harvard Extension School have enriched my understanding with their questions, comments, and their own research.

At the Massachusetts Historical Society, I thank Peter Drummey, Anne Bentley, and Elaine Heavey for all their assistance, and, at the Massachusetts State Archives, special thanks to Michael Comeau. Deans Kenneth S. Greenberg at Suffolk and Michael Shinagel at the Harvard Extension School have with consistent enthusiasm supported scholarship and teaching.

Susan Ferber at Oxford University Press patiently coaxed this book along; each page bears evidence of her good sense and clear eye. The greatest thanks go to my wife, Phyllis, and sons, John Robert and Philip. May the story engage them as I still am by the flash of white wig and red and blue coat glimpsed long ago through a Morristown window.

Robert J. Allison
Boston, Massachusetts
December 2014

Chapter 1
The Revolution's origins

To a British policy maker in the 1750s, the "colonies" were Barbados or Jamaica, the important sugar-producing islands in the West Indies, or the rich provinces of India, whose governments and finances the East India Company was taking over. If he turned his attention to North America, he would not focus on Massachusetts, Virginia, or Pennsylvania but on the vast interior beyond the mountains, the area drained by the Ohio and Mississippi Rivers. Though the Iroquois, Miami, Shawnee, Cherokee, and other native people possessed this territory, the Crown claimed it under grants it had given to the separate colonies. Now in the 1750s the French were moving in, across the Great Lakes from Canada and up the Mississippi from Louisiana to trade furs and make treaties with the native people. From Quebec to New Orleans, the French were taking control of the continent's interior, building forts and trading posts at Detroit, Vincennes, and St. Louis. The British had gained India but were about to lose North America.

Although not as lucrative as Jamaica or India, British North America was essential to the sugar economy. The colonies on the Atlantic coast had grown despite British policy. Religious dissenters had planted the New England colonies—Massachusetts, New Hampshire, Rhode Island, and Connecticut—in the seventeenth century. They prospered through trade, turning New England's forests into ships and barrels to carry the British Empire's goods and feeding the enslaved laborers of the West Indies with cod caught off New England's coast. Boston and Newport had become busy ports. The culturally homogeneous New Englanders had more power to govern themselves than anyone else in the British empire—they had rebuffed England's attempt in 1688 to restructure their government and jealously guarded their local power.

Britain had taken New York from the Dutch in 1664 but preserved its commercial system: trade with the Iroquois, the most powerful Native Americans in North America, and rule by a landholding elite. New York City, on the southern tip of Manhattan Island, and Albany, up the Hudson River, were the most important trading centers, but New York's hegemony stretched into New Jersey, whose farmland fed the Manhattan settlement as well as the towns of New Brunswick and Elizabeth. New York also claimed all the up-river territory between the Hudson, Lake Champlain, and the Connecticut River, as well as the land on both shores of Long Island Sound. New Englanders did not recognize New York's imperial dreams.

Pennsylvania, founded by Quakers in the 1680s, culturally included the three counties of Delaware, as well as the areas of New Jersey on the Delaware River's east bank. Determined to be fair to the native people, Pennsylvania's merchants defied New York's claim to a monopoly on trade with the Iroquois by trading with the Tuscarora and Lenape, whom the Iroquois considered their own dependents. Richer soil and a milder climate made Pennsylvania better farmland than New England; fairer land distribution made it more appealing than New York or the colonies farther south. Philadelphia became the empire's second busiest port by 1750, sending grain to feed the laborers in Barbados and Jamaica and bringing English, German, and Scotch-Irish immigrants to become independent farmers in Pennsylvania.

The Chesapeake colonies of Virginia and Maryland, founded early in the seventeenth century, by the middle of the eighteenth were home to mature plantation societies. Large farms used slave labor to grow tobacco for the world market. Virginia—with half a million people—was the largest mainland colony in area and population; one of every six Americans lived in Virginia, and two of every five Virginians were slaves. Tobacco cultivation had exhausted the tidewater soil; tobacco planters looked inland, beyond the mountains, for more land to plant and sell.

North Carolina's coastal towns—New Bern and Edenton—were trading centers for tobacco gentry, much like the Chesapeake ports. But Scots-Irish and German immigrants were rapidly settling North Carolina's interior, making their way down the piedmont from Pennsylvania. These back-country settlers on the Cherokee and Catawba borders were farmers, not planters; they did not recognize the coastal planters' cultural or political superiority. They swelled North Carolina's population, which quadrupled between 1750 and 1770, making it the fourth-largest and fastest-growing mainland colony. Immigrants were also filling South Carolina's backcountry. Barbadian and Jamaican planters with their slaves and rice plantations had settled South Carolina's coastal low-country in the 1680s. In parts of the low-country 90 percent of the people were enslaved, and fully 60 percent of South Carolinians were enslaved people of color. Slave labor built Charlestown (renamed Charleston in 1783), the only urban center south of Philadelphia. The white minority held on to power, having survived a slave revolt in 1739, but planters were wary of the growing power of the backcountry.

Georgia was the newest and smallest colony, with barely thirty thousand people, half of them enslaved. Founded in the 1730s as a barrier between South Carolina and Spanish Florida, Georgia gave British traders entrée into trade with the Creek and Cherokee, and a wedge against Spanish and French traders of Pensacola and New Orleans. It also was to be a refuge for England's debtors and poor, who arrived in Georgia and wondered why they could not own slaves, as the whites across the Savannah River in South Carolina did. Their philanthropic sponsors eventually relented to the white

Georgians' demand for slaves, so Georgia shared the slave labor economy of South Carolina.

Thirteen colonies, with very different populations, economic systems, and social structures. The colonies had been swept by a religious revival—a "Great Awakening"—in the 1730s and 1740s, with evangelists such as George Whitefield preaching throughout the colonies; this was one of the first movements to bring together these colonies, but the evangelists also challenged the established religious orders. There still was no formal communication system joining the colonies politically except through London. Post roads linked Boston with Philadelphia, but most transit was by water. Few Americans visited the other colonies. George Washington visited Barbados as a youth, but not Philadelphia or New York; John Adams, of Massachusetts, did not see New York or Philadelphia until he was nearly forty.

Problems of communication and transportation did not stop the colonies' growth. Benjamin Franklin, an American who had traveled, noted that only eighty thousand English people had come to America since 1607, but by 1751 more than a million English descendants lived in America, along with growing numbers of Germans, Africans, and Scots-Irish. England's population had risen from five to six million between 1700 and 1750; America's population had doubled in that same time. Franklin predicted it would double again in twenty-five years, and by 1850 the "greatest Number of *Englishmen* will be on this Side the Water. What an Accession of Power to the *British* Empire by Sea as well as Land! What Increase of Trade and Navigation! What numbers of Ships and Seamen!"

Franklin anticipated that these colonies would remain part of a thriving British empire. But there was an immediate threat. From the St. Lawrence to the Mississippi the French were taking control of the interior, threatening Britain's control of the continent.

Where the Allegheny and Monongahela Rivers join to form the Ohio, Pennsylvanians had built a small fort garrisoned with forty-four men to protect Pennsylvania traders from New York's Iroquois allies. In April 1754 the French and their Indian allies, with eighteen pieces of artillery, came down from Lake Erie on a fleet of 360 bateaux and canoes. They forced the Pennsylvanians to surrender the fort and give up £20,000 worth of trade goods.

The other colonies did not perceive this as a threat to them. New York thought the Pennsylvanians had intruded on their trading territory, and Virginia planters wanted to buy up in the Indian hunting grounds along the Ohio. Massachusetts and New York were on the verge of war over the land between the Connecticut and Hudson rivers; Connecticut and Pennsylvania both claimed the lands of the Lenape on the upper Susquehanna, or Wyoming, valley; Georgia and South Carolina competed for trade with the Creek and Cherokee. Though their survival depended on cooperation, no colony would overlook its immediate self-interest.

But the British government perceived the French threat and ordered the colonies to meet with the Iroquois to secure their alliance against the French. Delegates from seven colonies met with Iroquois representatives in the summer of 1754 at Albany, New York. The conference was a failure. Individual colonial agents made separate agreements with the Iroquois (Virginia bought Kentucky from the Iroquois, though the Shawnee owned the land) but devised no united strategy. Franklin and Massachusetts political leader Thomas Hutchinson drew up a plan of union, under which each colony would chose delegates to a forty-eight-member grand council, to meet every year in a different colonial capital; this council would raise troops and taxes from the colonies for common defense, though each colony would continue to govern itself. The king would appoint a president-general, to ensure that the council did not conflict with British policy. Though the Albany conference approved the plan, the colonial assemblies did not. None would cede any of its powers or prerogatives to the other colonies. Somewhat bitterly, Franklin said the colonies would only unite if the British government forced them to do so.

Meanwhile, Virginia sent its militia, led by Major George Washington, to the Allegheny and Monongahela; he attacked the French, and killed a French diplomat. The French counterattacked, captured the fort Washington had built (Fort Necessity) and sent Washington back to Virginia. Washington's skirmishes on the Monongahela frontier led England and France to declare war on each other, and the war spread from North America to the Caribbean, to Europe, the Mediterranean, to Africa, to India and the Pacific. It was the first global war. Prime Minister William Pitt recognized that the keys to victory were control of the seas and of North America. Pitt mobilized British ships and regulars and thousands of American militia troops to wrest Montreal and Quebec from the French. A subsequent force took Cuba and Florida from Spain. At the war's end Britain controlled all of America east of the Mississippi.

The British had expelled the French from the Ohio territory, but had not reckoned with the native people in it. Ottawa leader Pontiac led the Native Americans against the British, quickly overwhelming their small garrisons and taking every British outpost west of Fort Pitt, the garrison at the confluence of the Allegheny and Monongahela. The British saw that more white settlement in the area—which Pontiac effectively blocked—would lead to more conflicts with Native Americans, which would require more troops. To avoid these problems, and put a stop to the squabbles between New York, Pennsylvania, and Virginia over control of the territory, the British crown simply barred white settlement and sale of lands between the Appalachian Mountains and the Mississippi, from Quebec to Florida. Every colony from Georgia to Connecticut resented this Proclamation of 1763. Why had they gone to war if they were to be kept out of Ohio?

Reaction against the proclamation, though, was mild compared to the reaction against Parliament's attempts to regulate colonial trade and to pay for the defense of the colonial frontiers. Parliament began its fiscal campaign with the Sugar Act in April 1764. This cut the tax on imported molasses in half, to three pence per gallon, but, unlike the previous tax, this one contained provisions to ensure collection. Merchants would have to post a bond, guaranteeing their obedience, and specially created vice-admiralty courts, not juries, would try violators.

Along with the Sugar Act, Parliament prohibited colonies from coining or printing their own money. The object was to standardize currency and prevent wildly fluctuating notes and coins. But the real effect was to take money out of circulation and stifle colonial trade.

Merchants protested, predictably. Less predictable was their rationale for protesting: they contended that they could not be taxed without their own consent; they had not elected Parliament, and so it could not tax them. And the merchants had support in this from some influential clergy. Boston minister Jonathan Mayhew warned that "People are not usually deprived of their liberties all at once, but gradually."

Boston lawyer James Otis wrote that it was not the tax but the principle that was wrong. If the colonists could be taxed without their consent, they were in fact slaves of Parliament:

> The colonists, being men, have a right to be considered as equally entitled to all the rights of nature with the Europeans, and they are not to be restrained in the exercise of any of these rights but for the evident good of the whole community. By being or becoming members of society they have not renounced their natural liberty in any greater degree than other good citizens, and if 'tis taken from them without their consent they are so far enslaved.

He went on to argue that slavery was wrong for whites as well as blacks:

> The colonists are by the law of nature freeborn, as indeed all men are, white or black.... Does it follow that 'tis right to enslave a man because he is black? Will short curled hair like wool instead of Christian hair, as 'tis called by those whose hearts are as hard as the nether millstone, help the argument? Can any logical inference in favor of slavery be drawn from a flat nose, a long or a short face?... It is a clear truth that those who every day barter away other men's liberty will soon care little for their own.

Otis continued: "Are not women born as free as men? Would it not be infamous to assert that the ladies are all slaves by nature?" In arguing against Parliament's power to tax the sugar trade, Otis advanced arguments against any kind of arbitrary power. Otis saw the sugar tax leading to slavery; he also saw opposition to the tax leading to the liberation of men and women, black and white, to enjoy the fruits of their own labor.

Parliament moved quickly down the path Otis predicted. Lord George Grenville, the British chancellor of the exchequer, proposed a stamp tax for the American colonies, taxing all printed documents—newspapers, pamphlets, college diplomas, deeds, bills of sale and lading, marriage licenses, legal documents, playing cards, dice, wills—at rates from three pence to four pounds each, depending on the document's value, payable in hard currency. Proof of payment would be in the form of a stamp affixed to the document. Americans protested, not just against a new series of taxes, but against the principle that Parliament could tax them. Evangelist George Whitefield warned that these taxes were the beginning of "deep plot laid" against American liberty.

In support of the tax, Charles Townshend in February 1765 asked if "these Americans, Children planted by our Care, nourished up by our Indulgence until they are grown to a Degree of Strength & Opulence, and protected by our Arms," would "grudge to contribute their mite to relieve us from the heavy weight of that burden which we lie under?"

Immediately Isaac Barre disputed Townshend's interpretation of colonial history. "They planted by your Care? No! your Oppressions planted em in America.... They nourished up by *your* indulgence? they grew by your neglect of Em.... They protected by *your* Arms? they have nobly taken up Arms in your defence." The Americans, Barre said, were "as truly Loyal as any Subjects the King has, but a people Jealous of their Lyberties and who will vindicate them," especially against policies and officials that "caused the Blood of those Sons of Liberty to recoil within them."

American opponents of the Stamp Act, which Parliament passed on March 22, 1765, began calling themselves Sons of Liberty. They built on other institutions, particularly the colonial press: Benjamin Edes of Boston, printer of the *Boston Gazette*, William Goddard of the *Providence Gazette*, Samuel Hall of the *Newport Mercury*, and William Bradford of the *Pennsylvania Journal* were all critical leaders of the Sons of Liberty, whose real strength came from each community's working people. For example, Ebenezer MacIntosh, a Boston shoemaker, longtime leader of Boston's South End Mob, became "captain general of the Sons of Liberty," and the large elm from which his mob hung effigies of unpopular officials became the "Liberty Tree."

Patrick Henry in the Virginia assembly (the House of Burgesses) in May 1765 argued that the people of Virginia had not given up "the distinguishing characteristick of British freedom," the right to be taxed only by one's own consent. Though the assembly rejected Henry's resolutions, they were published in newspapers throughout the colonies, becoming the basis for each colony's opposition.

In Boston rumors circulated that Andrew Oliver, a merchant, secretary to the provincial government, brother-in-law of Lieutenant Governor Thomas Hutchinson, and newly appointed tax agent, was storing the revenue stamps in his waterfront warehouse. A mob tore the warehouse apart on the night of

August 14, 1765. They found no stamps, but built a bonfire with some of the wreckage (most they tossed into the harbor), theatrically stamping each piece before tossing it into the flames. Two weeks later a mob drove Lieutenant Governor Hutchinson and his daughter from their house, destroying everything within. Stamp agents in every colony but Georgia resigned.

James Otis called for delegates from all colonies to meet in October in New York, in a congress to join in protest against the Stamp Act. Nine colonies (all but Virginia, New Hampshire, North Carolina, and Georgia) sent delegates, who drew up a careful protest, saying they had "the warmest sentiments of affection and duty to His Majesty's person and government" but that the stamp tax imposed a burden on them and violated their rights as British subjects. They sent their petition to King George III, who received it but referred the matter to Parliament.

As the petition made its way to London, the Stamp Act went into effect on November 1. Ebenezer MacIntosh organized protest parades in Boston and that night walked through the streets arm in arm with merchant William Brattle, a member of the Governor's Council, showing unity between Boston's commercial leaders and emerging political leaders like MacIntosh, whose power came from an ability to mobilize dockworkers, longshoremen, and rope makers to attack the Oliver warehouse or hang effigies from the Liberty Tree. Resistance now could afford to be more civil. Americans showed a near-unanimous determination to boycott the stamps. Massachusetts Lieutenant Governor Hutchinson reported in March 1766 that "the authority of every colony is in the hands of the sons of liberty," and customs agent John Robinson reported that stamp officers felt the anger "not of a trifling Mob, but of a whole Country."

Wanting to know why Americans had united in opposition, Parliament summoned the Pennsylvania Assembly's London lobbyist, Benjamin Franklin, to explain. Franklin told them their

1. Mobs took to the streets in protest of the Stamp Act, 1765.

insistence on taxing Americans had changed Americans' opinion of Parliament. No longer was it "the great bulwark and security of their liberties and privileges." Unless Parliament repealed the Stamp Act, Americans would lose their "respect and affection" for the British and, more important, cut off "all the commerce that depends on that respect and affection." Once proud to "indulge in the fashions and manufactures of Great Britain," Americans now proudly wore "their old clothes over again, till they can make new ones." They had stopped wearing black mourning accessories to funerals, rather than buy them from the British, and they gave up eating lamb so that the lambs could grow into wool-producing sheep. Franklin told Parliament that "the sweet little creatures are all alive to this day, with the prettiest fleeces on their backs imaginable."

If Parliament repealed the Stamp Act, would the colonies give up their claim that Parliament could not tax them? "No, never," Franklin said. "They will never do it, unless compelled by force of arms," but "No power, how great soever, can force men to change their opinions."

Could anything other than military power enforce the Stamp Act? Not even an army could enforce the stamp law in America. Soldiers would "find nobody in arms" there. "They will not find a rebellion; they may indeed make one."

Former prime minister William Pitt called on Parliament to repeal the "unhappy," "unconstitutional," "unjust," and "oppressive" act, and asked how Parliament could justify an English "borough with half a Dozen houses" having a representative in Parliament, when three million Americans had none. Pitt predicted that this struggle with America would force a reform of England's government, and the "rotten Part of our Constitution" would not survive.

Parliament rescinded the Stamp Act but passed the Declaratory Act, which asserted its power to control the colonies "in all cases whatsoever."

Americans greeted the repeal as a victory within, not over, the British Empire. Philadelphians held off celebrating until June 4, when they observed George III's birthday. John Adams wrote that the repeal "has composed every wave of popular discord into a smooth and peaceful calm." This was a great change from the tumults, riots, and seditions of 1765. Americans believed those protests, petitions, and warnings about loss of trade, had forced Parliament to rescind the law. They could live with the Declaratory Act as long as Parliament did not enforce it.

But in 1767 Charles Townshend, chancellor of the exchequer, proposed a new series of revenue laws, taxing all lead, glass, paint, and tea imported into the colonies. Customs collectors were sent to America to make sure the taxes were paid, and new courts of admiralty were created to hear cases of ships violating the revenue acts. These new revenue laws, known as the Townshend Acts, touched off renewed political and social agitation.

More than 600 Bostonians—200 of them women—agreed not to purchase any of the taxed British imports. Philadelphia lawyer John Dickinson wrote a series of essays, *Farmer's Letters*, arguing that Parliament did not have the power to tax the colonies. Dickinson conceded that Parliament could regulate commerce but said that the colonists could only be taxed by their own consent, by assemblies they had chosen.

Sir Henry Moore, the governor of New York, suspended the assembly when it protested that Parliament did not have the power to raise revenues in the colonies. In Massachusetts, Governor Francis Bernard demanded that the assembly rescind the letter it sent to other colonies urging resistance; he dissolved the assembly when it refused. These attacks on assemblies transformed the struggle into one between arbitrary executive power and government by the people. Leaders of the suspended assemblies and the Sons of Liberty organized boycotts of British goods.

Women took to their spinning wheels—what had been a chore for solitary women, spinning wool into yarn, weaving yarn into cloth, now became a public political act. In Newport ninety-two "Daughters of Liberty" brought their wheels to the meeting house, producing 170 skeins of yarn as they spent the day spinning together. Making and wearing homespun cloth became political acts of resistance.

Fearing the boycotts and resistance would turn violent, Governor Bernard asked for British troops to keep peace in Boston. Two British regiments arrived in October 1768. Benjamin Franklin thought that sending troops to Boston would be "like setting up a smith's forge in a magazine of gunpowder."

Franklin was proven right. On March 5, 1770, rioters attacked the main British barracks, and in the ensuing street fight soldiers fired on a crowd of civilians. Five civilians were killed in what town leaders quickly called the "Horrid Massacre." Paul Revere made an engraving of the scene, showing an orderly line of troops shooting at innocent and unarmed civilians, with the state house and the First Church looming over the tragedy; in this depiction the arbitrary power of the soldiers has usurped Boston's legitimate civil and spiritual authority.

In the wake of the violence, Boston's town government demanded removal of the troops, warning that ten thousand people in surrounding communities were ready to march in and drive the soldiers out. Lieutenant Governor Thomas Hutchinson (acting as governor after Bernard's return to England) complied, having the soldiers involved in the shooting arrested and the others sent to New Jersey.

Two leading patriots, as the opponents of the tax laws called themselves, stepped forward to defend the accused soldiers. Josiah Quincy and John Adams wanted the troops out of town, but they also wanted to prove that Boston was not the ungovernable and riotous place Bernard had described. By giving British soldiers who shot unarmed civilians in the streets

2. Paul Revere's engraving shaped the way Americans thought of the Boston Massacre: British soldiers stand in a straight line firing into an unarmed crowd. A gun fires from the window of the Custom House (labeled "Butcher's Hall"). Looming above are the State House and First Church—legitimate government and spiritual order usurped by the armed men in uniform.

of Boston a fair trial, Quincy and Adams could prove that the people of Boston were law abiding. Two soldiers were found guilty of manslaughter, still a capital offense. Adams had their sentence reduced to branding on the thumbs, and the rest were acquitted. With the troops gone, Boston calmed down. Parliament eased the tension by repealing most of the Townshend duties, but to prove that it still could tax the Americans, it left in place the tax on tea.

The colonies agreed on little other than that Parliament could not tax them. Massachusetts and New York had a long-standing dispute over the land between the Connecticut and Hudson rivers, and New York was on the verge of war with New Hampshire over Vermont, with the people of that area adamantly against being part of either. Pennsylvania and Connecticut both claimed the Wyoming Valley, which Connecticut settlers were farming under their seventeenth-century charter.

American hunger for land led to conflict among the colonial governments and with the native people; from Massachusetts to Georgia, white settlers eyed the land of the native people. The Mashpee Wampanoag of Cape Cod sent a delegation to ask the king to protect them from the Massachusetts government, which allowed whites to buy their land. In the Carolinas and Georgia, farmers in the backcountry were moving into the lands of the Cherokee and Creek. North Carolina sent Daniel Boone west to buy the land between the Tennessee and Cumberland rivers from the Cherokee, despite the fact that the Cherokee did not own it.

Virginia's royal governor, Lord Dunmore, wrote to Lord Dartmouth, the secretary of state for American affairs, that the Proclamation of 1763 that closed off the trans-Appalachian west was "insufficient to restrain the Americans, and that they do and will remove as their avidity and restlessness incite them." The Americans "imagine the lands further off, are Still better than those upon which they are already settled." Dunmore said the Americans had "no attachment to Place, but wandering about seems engrafted in their Nature."

Dunmore saw two possible outcomes, neither palatable. Settlers might move into the territories and intermarry with the Indians, "the dreadful consequences" of which "may be easily foreseen." Or the provincial governments could supervise the westward movement, allowing white settlers "to form a Set of Democratical Governments of their own, upon the backs of the Old Colonies." Dunmore decided the Virginia government should take control of the frontier.

Under Dunmore's orders, Dr. John Connolly rebuilt the abandoned Fort Pitt in 1774, renamed it Fort Dunmore, and from it started a war against the Shawnees and Mingos of Kentucky and Ohio. Sir William Johnson, the British agent to the Iroquois, kept the Iroquois from supporting their Mingo and Shawnee allies against Virginia. Without Iroquois support, the Shawnee and Mingo could not hold off the aggressive Virginians, who won hunting rights in Kentucky and what is now West Virginia.

North Carolina had just emerged from its own civil war. Farmers in the piedmont were outraged that the government, seated on the coast, controlled their land and taxed them. Government agents—magistrates and justices of the peace—charged excessive fees. Fearing riots by the piedmont farmers, and knowing that juries would stand by their neighbors, North Carolina's government ordered that trials for frontier troublemakers be held at New Bern, where Governor Thomas Tryon was building, at taxpayer's expense, an elegant governor's palace. Outraged at a government that taxed but did not protect or represent them, North Carolina's backcountry farmers set out to regulate their own affairs, shutting down the courts and taking the law into their own hands. Tryon raised troops to suppress the "Regulators," defeating them in a pitched battle at Alamance Creek in 1771. Suppressed but not defeated, the Regulators of North Carolina continued to be deeply suspicious of distant and unresponsive governments. Tryon left North Carolina to become governor of New York.

All was still relatively quiet in Massachusetts. "If it were not for an Adams or two," newly appointed governor Thomas Hutchinson wrote, "we should do well enough." Samuel Adams was not idle. Following the model of the Sons of Liberty, who had established a communication network among like-minded people in the different colonies, Adams in November 1772 created the Boston Committee of Correspondence, a twenty-one-member group to keep in contact with like-minded people in other towns. "We are brewing something here which will make some people's heads reel ...," Dr. Thomas Young wrote. As Massachusetts towns formed Committees of Correspondence, Adams, clerk of the Massachusetts Assembly, had that body form a Committee of Correspondence to communicate with other assemblies. By 1774, every colonial assembly had a committee to correspond with the other assemblies; this ensured that Boston would not be isolated during the crisis that quickly ensued.

"The seditious here have raised a flame in every colony," General Thomas Gage, commander of British military forces in America, and based in New York, wrote home to England. He blamed the English opposition's "speeches, writings, and protests" for fanning the flames of colonial discontent. London gossip Horace Walpole called this a cruel charge, that Britain's weak and disorganized opposition party stirred their dissent: "Might as soon light a fire with a wet dishclout."

Americans did not need the British opposition, as the government itself effectively lit the fire. Admiral John Montagu's fleet patrolled the American coast, ostensibly for smugglers. Lieutenant William Dudingston on the *Gaspee* was certain every fishing boat and merchant vessel he saw off Rhode Island was smuggling. He stopped and searched every vessel he could, and reprovisioned the *Gaspee* by raiding Rhode Island farms. When the fishermen and farmers complained to their governor, who complained to the admiral, Montagu warned that he would hang anyone who interfered with Dudingston. The Lieutenant became even more severe with the Rhode Islanders.

Fishermen and merchants took matters into their own hands. When Dudingston brought the *Gaspee* too close to the Narragansett shore, they boarded, forced the sailors off, and set the schooner on fire. Montagu had orders from London to seize the culprits and bring them to England for trial as pirates. But Rhode Island chief justice Stephen Hopkins refused to allow their arrest. Admiral Montagu bemoaned the fact that the laws of Parliament would not be enforced in America except by military force.

The British government had not regarded these thirteen colonies, with their different social structures and political systems, as essential parts of the empire as a whole. When the French threatened, the colonists had not united in the interest of the British Empire. But now, as the British government tried to make them cohesive parts of the imperial fabric, the colonists began to unite against the empire that sought to govern them.

Chapter 2
Rebellion in the colonies

George III was thoroughly English, and determined to be a "patriot king" in the best Enlightenment tradition. His grandfather, George II, and great-grandfather, George I, were German princes from Hanover; they spoke little or no English and returned regularly to their Germanic principality. But George III never left England and would grace its throne for nearly sixty years. The first decade of his reign was unsteady, until he appointed Frederick, Lord North to be prime minister. Lord North shared the King's outlook on the Empire and would serve as prime minister from 1770 until 1782.

Neither the king nor his minister was thinking of Americans when North proposed the Tea Act, which had much to do with the empire and the North ministry. The East India Company had taken over the administration of India; this gave it great potential wealth, as well as immediate and tremendous debt. North proposed lending the Company £1.5 million (about $270 million today). In return, he would appoint the company's governors. The company would also have a monopoly on tea sold in North America, and could ship tea directly to the American markets without paying British revenue duties.

The "Day is at length arrived," a committee of Philadelphia merchants declared when they learned of the Tea Act, "in which we must determine to live as Freemen—or as Slaves to linger out a miserable existence." The Tea Act would make Americans subservient to the "corrupt and designing Ministry" and change their "invaluable Title of American Freemen to that of Slaves." Americans must not give Parliament the power to control their lives. The Philadelphians insisted that no tea be landed.

A Boston mob attacked the home of tea merchant Richard Clarke, and when the first tea ship, the *Dartmouth*, reached Boston on November 28, 1773, more than a thousand people crowded into Faneuil Hall to protest its arrival. The Sons of Liberty sent guards to make sure no tea was unloaded. Under British law, a ship could remain in port twenty days without unloading; after that its cargo must be taxed. The Sons of Liberty and the town leaders—Samuel Adams, Josiah Quincy, and others—were determined not to let the tea be unloaded or taxed. The tea merchants—all Americans—wanted the tea unloaded and sold. The ship owners—all Americans—simply wanted their vessels unharmed so they could carry cargo back to England. Two more vessels reached Boston in the ensuing weeks, but none of the other ships had reached the American ports when Bostonians took action on December 16, the night the tea had to be unloaded and the tax paid. That night, Bostonians disguised as Indians boarded the three ships, hoisted the 342 chests up to the decks, and dumped 92,586 pounds of tea, worth £9,659 (about $1.7 million today) into the harbor.

"This is the most magnificent Movement of all," John Adams wrote. "There is a Dignity, a Majesty, a Sublimity, in this last Effort of the Patriots, that I greatly admire. The People should never rise, without doing something to be remembered—something notable And striking. This Destruction of the Tea is so bold, so daring, so firm, intrepid and inflexible, and it must have so important consequences, and so lasting, that I cant but consider it an Epocha in History."

The destruction of the tea (it would not be called the "Boston Tea Party" for fifty years) had dramatic consequences. Paul Revere carried the news to New York, which resolved not to land the tea, and the tea consignees resigned their commissions to sell tea. The news reached Philadelphia the day before Christmas; on Christmas Day the ship *Polly* entered the Delaware. Eight thousand Philadelphians gathered in front of the state house to demand the *Polly* immediately return to England. It did. Americans would not receive the tea. When an errant tea ship sailed into the Chesapeake in April, its owner feared the consequences to himself and his reputation if he were known as a tea merchant. He had the fully loaded ship set on fire.

As Americans united against Parliament and the East India tea, Parliament struck back, closing Boston harbor until the lawless town paid for the tea; suspending Massachusetts's government, and requiring the governor's permission for town meetings; and giving the governor, not the people, the power to choose sheriffs, magistrates, and the Governor's Council. General Thomas Gage, commander of British military forces in North America, was named the new governor, and he was allowed to lodge troops in private homes. Finally, Parliament extended Quebec's boundaries to the Ohio and Mississippi Rivers, cutting that territory off from Virginia, Pennsylvania, and New York and giving Canada's Catholics freedom to practice their religion. North and the British government believed that Massachusetts was particularly rebellious but that most colonists were loyal. Isolate Massachusetts, prevent the rebellious contagion from spreading, and ultimately even the troublesome and factious people of Massachusetts would come to their senses.

New Englanders mobilized to prevent isolation. Rhode Island's assembly called for delegates from all the colonies to a Continental Congress. John Adams predicted that "the wisest Men upon the Continent" would resolve the crisis.

Men and women were engaged now in the cause. Fifty one women in Edenton, North Carolina, signed a pledge not to buy tea or other British goods. Writing to his family in North Carolina from London, Arthur Iredell asked, "Is there a Female Congress at Edenton, too? I hope not, for we Englishmen are afraid of the Male Congress, but if the Ladies, who have ever, since the Amazonian Era, been esteemed the most formidable enemies, if they, I say, should attack us, the most fatal consequences is to be dreaded." While Iredell's tone was somewhat mocking, the fact that women now were engaged in this political campaign—that British policy had stirred resistance in the homes as well as the taverns and coffee houses—rightly alarmed the policy makers.

Every colony except Georgia was represented when Congress gathered in Philadelphia in September 1774. Would the colonies side with Boston? Or would they advise the Bostonians to pay for the tea and to stop being so troublesome?

Outside of Boston, which was now occupied by General Gage and British troops, delegates from Suffolk County's towns met and resolved that the "Intolerable Acts"—shutting the port, suspending the government, extending Quebec, allowing quartering of troops—violated the British constitution. They called for suspending trade with Britain, and, since Parliament had illegally suspended their charter, they called for the people of Massachusetts to form a new government. Paul Revere left Boston with these resolutions on September 11; six days later Congress unanimously endorsed them. Adams called it "one of the happiest Days of my Life," writing in his diary, "This Day convinces me that America will support the Massachusetts or perish with her."

Congress petitioned the king to relieve Boston and change policy, and called on the people of Quebec to join them. It proposed meeting again in May 1775 if the British government did not respond favorably to their petition.

In Boston, General Gage tried to defuse the situation. Hearing that the towns were taking gunpowder from a provincial powder house in Charlestown (now in Somerville), Gage had the remaining powder brought to Boston. This provoked wild rumors that the British fleet had bombarded Boston, killing six men. Four thousand men gathered on Cambridge Common. Unable or unwilling to attack Gage or his troops, they stormed the homes of local Tories, who fled to Gage's protection in Boston.

Despite having the king's commission, Gage realized his actual power extended only as far as his troops controlled. The people in the Massachusetts towns recognized a different government—town governments, chosen by majority votes in town meetings. Men and women who wished to remain loyal to the king and the legitimate government had to flee from their homes to be under Gage's protection.

The Portsmouth, New Hampshire, militia surprised and overwhelmed the six British soldiers garrisoning Fort William and Mary in December, spiriting away its cannon and munitions. Salem's militia mobilized in February 1775 to seize cannon from the British regulars. The Americans would not attack the soldiers—they blocked the roads in Salem to stymie their march—but forced them either to surrender or to fire the first shot. "Put your enemy in the wrong, and keep him so," Samuel Adams wrote in March, "is a wise maxim in politics, as well as in war."

Gage and London both failed at conciliation. William Pitt, the former prime minister, proposed pulling Gage's forces from Boston and limiting Parliament's power to tax the colonies. Instead, Parliament followed Lord North's lead. Declaring Massachusetts to be in rebellion on February 9, 1775, it ordered the arrest of provincial government leaders, and authorized Gage to use force to restore British rule. Gage moved quickly once he received these instructions on April 14, 1775. Four days later he sent eight hundred troops to destroy the munitions stored at Concord, seventeen miles from Boston.

Their march did not remain a secret for long. William Dawes and Paul Revere slipped out of Boston to alert the local militia, and by dawn, when the British troops reached Lexington, about seventy militia were gathered on the common. As they heard the regulars march into town, some militiamen urged their captain, John Parker, to abandon the common—a few dozen poorly trained militiamen were no match for eight hundred British regulars. But Parker ordered, "Stand your ground! Don't fire unless fired upon! But if they want to have a war let it begin here!"

Parker had second thoughts as the British forces massed in front of him. "Disperse, you rebels," an officer shouted, "damn you, throw down your arms and disperse." Parker ordered his men to disperse. Some began to move off, but others had not heard the order. In the confusion, as more British soldiers joined the line, and others moved to militia's left, a shot rang out. No one knows who—militiaman, British soldier, or bystander—fired that first shot, but the British opened fire. Few militiamen had time to fire as they fled from the British, leaving eight of their comrades dead on the common. One British soldier was wounded. The regulars marched on to Concord.

They did not find much in Concord. Alerted to the regulars' approach, the rebels hid their supplies. The British destroyed three cannon, threw some bullets into a pond, and built a bonfire of gun carriages in front of Concord's town house. When the bonfire threatened to spread, the soldiers helped the locals protect the town house.

Captain Walter Laurie's detachment moved north of town. At the North Bridge over the Concord River, they met five hundred militiamen from surrounding towns, who had heard the alarm early in the morning and marched toward Concord. Now in perfect formation, these militia units joined men from Concord on the hill sloping down to the North Bridge. As the Americans neared the bridge, two more British units came to join Laurie on the other side. In the confusion the British fired across the river. Though two Americans fell dead, the rest continued advancing. Major John Buttrick of Concord, whose family had farmed this field since 1638, shouted "Fire, fellow soldiers, for God's sake fire!"

Buttrick's men fired. To their surprise, the British began retreating toward Concord. Laurie had no reason to push on—he knew the munitions were destroyed—but to the American militia, the sight of British soldiers retreating under fire was a novelty. Emboldened, the militia pursued. By this time the alarm had spread further, bringing fresh militia from eastern Massachusetts as well as New Hampshire and Rhode Island. Six different New England militia units attacked as the regulars retreated from Concord to Lexington, and the entire retreat to Boston was a torment to the British. From behind walls, houses, and trees, the Americans fired at the British column, or waited in quickly organized ambushes to attack the soldiers. "We retired for 15 miles under an incessant fire," reported Lord Hugh Percy, "which like a moving circle surrounded and followed us wherever we went."

By the time the British reached the safety of Charlestown, sixty-five men were dead, 180 wounded, and another twenty-seven missing. The Americans had lost fifty men, with thirty-nine wounded and five missing. Worse than being drubbed by men they regarded as a peasant rabble, the regulars now found themselves surrounded by fifteen thousand New England militiamen, who camped in Cambridge, northwest of Boston, and to the south in Roxbury, cutting off Gage's troops from supplies of food and firewood.

Militia rallied throughout New England. Benedict Arnold, a Connecticut merchant and sea captain, led a group of volunteers north to Lake Champlain. There he joined with Ethan Allen's militia, the Green Mountain Boys—formed to defend Vermont from New York's encroachments—and surprised the British garrison at Fort Ticonderoga on May 9, demanding surrender of the fort and its cannon. When the surprised British commander asked to whom he was surrendering, Allen replied, "In the name of the great Jehovah, and the Continental Congress."

The delegates to the Continental Congress did not know of Allen's audacious capture in their name when they reconvened the next day. But they knew about Lexington and Concord, which seemed to be Britain's answer to their petitions. George Washington signaled that the time for petitioning had passed by arriving in his Virginia militia colonel's uniform. John Adams proposed that Congress adopt the militiamen surrounding Boston as a Continental Army and nominated Washington to command them. His cousin Samuel seconded the motion. Washington accepted on the stipulation he serve without pay. Telling Patrick Henry this would be the ruin of his public reputation, Washington left for Cambridge, arriving to take command of the militia forces—now the Continental Army—on July 3, 1775.

What was this Continental Army fighting for? Congress adopted a Declaration of the Causes and Necessity of Taking up Arms, reiterating loyalty to the king but insisting on the people's fundamental right to govern themselves. Some leaders in Congress, such as John Dickinson, were not prepared to go further. John Adams compared Congress to a "large Fleet sailing under convoy. The fleetest Sailors must wait for the dullest and slowest." But the fleet's destination was still a mystery.

Britain had a clearer aim—restoring colonial loyalty—but no clear strategy for achieving it. Some British military advisors favored a blockade, though if their navy patrolled North America, France and Spain would threaten India, the West Indies, and even Britain itself. Military subjection by land forces would require at least twenty thousand men—more than were available in Britain. Fundamental disagreements among government ministers, between the ministers and the British commanders, and among the generals in America stymied the war effort. Strategists disagreed about how to win the war, but all agreed that most Americans outside New England were loyal to Britain. Isolate New England, and Britain could secure the loyalty of the rest of the Americans.

By now three more British generals had arrived in Boston. William Howe replaced Gage as commander in chief; Henry Clinton came as second in command (and would ultimately succeed Howe); John Burgoyne came as well. Howe, Clinton, and Burgoyne disagreed about everything except that Gage had been too conciliatory. Perhaps he had. Clinton believed that Gage's American wife, Margaret Kemble Gage, was a conduit for information to the rebels. Though the allegations have never been proven, Mrs. Gage, like most Americans, was torn in her loyalties.

Howe also was torn. Running for Parliament in 1774, he had opposed the ministerial policies, which he charged were bringing on a war against the Americans, a war he had pledged not to fight. His brother George had died leading Massachusetts troops in the Seven Years' War, and his family cherished the fact that Massachusetts had contributed to George Howe's Westminster Abbey monument. His sister Catherine had arranged informal meetings between their brother Richard, the admiral, and the American agent Benjamin Franklin. Now Howe was in Boston to direct a war whose end was to restore American loyalty. He thought an overwhelming show of force would scatter the American militia; after that the New Englanders could be reconciled.

Clinton saw the matter differently. The British should isolate the New Englanders, not try to reconcile them. Instead of Boston, their base should be New York, a city he knew well since his father had been its governor for ten years. Ten thousand British troops could protect the loyal subjects in the middle colonies, while ten thousand moved down from Canada along Lake Champlain and the Hudson, rallying Loyalists and the Iroquois, and cutting off

New England. This would require twenty thousand troops and a naval blockade. If this was too much, Clinton proposed simply withdrawing British forces to Canada and Florida. A taste of the "anarchy and confusion which must naturally be their lot" would convince Americans that rebellion was folly.

Howe and Clinton disagreed on long- and short-term goals, but also found a situation in Boston they had not anticipated. When they left England they did not know that an American army surrounded Boston and controlled the countryside. With Cape Cod whaleboats, the rebels scoured the harbor islands of sheep and hogs, leaving British forces to subsist on salted meat. When a British foraging party brought some badly needed cows back from far-off Connecticut, the local press mocked them:

> In days of yore the British troops
> Have taken warlike kings in battle;
> But now, alas! their valor droops,
> For Gage takes naught but—harmless cattle.

Still, the newly arrived generals were optimistic. "Let us get in," Burgoyne said when told of the British soldiers' cramped quarters on Boston's narrow peninsula, "and we will soon find elbow room." Establishing himself in John Hancock's elegant Beacon Hill mansion, Clinton advised that the best elbow room would be Dorchester Neck to the south, the highest point in the surrounding area. Control of the heights would give the British command of the harbor, Castle Island, and the towns of Boston, Dorchester, and Roxbury. But, certain the rebels could not hold Dorchester Heights, the British left them unfortified.

Clinton on June 16 observed rebels moving onto Bunker Hill in Charlestown, the highest point to Boston's north. British forces had begun fortifying Bunker Hill in April, but Gage had called them off, not thinking the rebels would use the hill for an attack on Boston.

Clinton and Howe now urged an immediate attack. The next morning, June 17, the British forces began their assault to disperse the rebels from Bunker Hill, then drive the rebels from their camps in Cambridge, and cross the Charles River to drive the rebels from Roxbury. This three-day campaign would disperse the rebel militia and give the British forces their badly needed elbow room. As regulars were ferried to Charlestown that morning, others baked bread and roasted meat for the expedition.

It was early afternoon on a sweltering June day when the regulars were ready on the Charlestown shore. After his men finished dinner, at about three, Howe had the well-prepared soldiers begin a slow march up Breed's Hill, just to the south of Bunker Hill. From its summit they would be able to see the rebel fortifications on Bunker Hill.

They never had the chance. As the British line reached the top of Breed's Hill, a furious raking fire erupted from a redoubt buried on the summit. This Breed's Hill redoubt had not existed the previous day. Now it was filled with New England militiamen, who aimed low, targeted officers, and held their fire until they were sure of a hit. Legend has it that to save ammunition and make sure of their aim, Captain Thomas Prescott shouted, "Don't fire until you see the whites of their eyes!" The first lines of British infantry took heavy casualties and retreated to the base of the hill.

Howe ordered another assault. Stepping over the wounded and dead, the British troops reached the top, but again the well-aimed fire turned them back.

From Copp's Hill in Boston, Burgoyne saw snipers in Charlestown picking off British soldiers as they advanced. He had artillery lob incendiary bombs into Charlestown, setting it ablaze. General Clinton had himself rowed across to lead more men into battle. For the third assault the regulars left their packs at the base and quickly marched to the top.

Now nearly out of ammunition, the American defenders decided to give up Breed's Hill and Bunker Hill but save their army to fight again. Gathering the remaining ammunition, a cadre of men prepared to stall the British while the rest retreated to Cambridge. On the third assault the British troops stormed the battlements with bayonets fixed, attacking the remaining defenders who now were out of ammunition. This final and brutal assault won the day—the British flag flew over Bunker Hill and Breed's Hill. But more than a thousand British soldiers and officers were dead or wounded, the rest could not move beyond Charlestown, and the American army survived. During the entire eight year war, the British army would lose 77 officers; 25 of them died on June 17, 1775. Rhode Islander Nathanael Greene wished the Americans could sell the British another hill at the same price.

A defeat for the Americans, Bunker Hill had nevertheless proven they could fight and left Howe and the British with a new respect for their enemy. On June 16 Breed's Hill was a pasture; the next day its fortification held off two British assaults. If the Americans could do this overnight, what must they have done in Cambridge or Roxbury? Colonel James Abercrombie reported idle reports among his men were "magnified to such a degree that the rebels are seen in the air carrying cannon and mortars on their shoulders."

Howe, Clinton, and Burgoyne realized that Boston, politically and militarily, was a poor British base. Their best option was to leave, but the British government had sent them to win the war, not give up territory, and would not tolerate a sudden evacuation. But as they held Boston, the Americans gained elsewhere. Richard Montgomery led an American army up Lake Champlain, and occupied Montreal while Benedict Arnold besieged Quebec. Virginia's rebel militia defeated British regulars and their Loyalist allies, forcing Lord Dunmore, the royal governor, to take refuge on a British warship. In Parliament, Charles James Fox noted that though the British held Boston, they were besieged there and in Quebec, their governor was exiled from Virginia, and the Americans were in Montreal. Not William Pitt, he declared, nor Alexander the Great, nor Julius Caesar, in all their wars had gained as much territory as Lord North had lost in one campaign.

From his vessel on the Chesapeake, Dunmore declared martial law and offered freedom to slaves who would rise against their rebellious masters. A desperate act, it still threatened the slave-holding Virginians. A South Carolinian told John Adams that a British officer promising "Freedom to all the Negroes who would join his Camp," could quickly enlist twenty-thousand blacks in Georgia and South Carolina. "The Negroes have a wonderfull Art of communicating Intelligence among themselves. It will run severall hundreds of Miles in a Week or Fortnight," though the British knew in case of emancipation "the Slaves of the Tories would be lost as well as those of the Whiggs," and did not want rebellion among their own West Indian slaves, on whose labor the sugar economy depended.

British authority in America crumbled as 1775 came to a close. The king proclaimed the colonies all to be in a state of rebellion, and Parliament forbade trade with the colonies, declared them out of British protection, and threatened to seize any American ships found on the high seas. Dunmore sent a raiding party ashore on the first day of 1776 to burn Norfolk. But banning trade and burning towns would not restore the inhabitants' loyalty.

Could the generals subdue the rebels? Or would a more conciliatory ministry that would not tax the Americans replace Lord North? Could the militia surrounding Boston maintain a siege through the winter, or would they return to their homes? If they went home, would they willingly return to the siege in the spring? Neither side, rebel or British, had a clear end in sight. Was the aim reconciliation? Or subjugation? Or was it independence?

Clarification came in the second week of January, 1776, in fifty pages of an anonymous pamphlet. *Common Sense* forcefully argued that the united colonies should break with the British crown. Americans had nothing to gain, and everything to lose, by remaining in the British Empire, and Americans had the resources to defeat the greatest military power in the world. Independence was not only possible, the pamphlet argued, but necessary.

Common Sense looked to the future, not the past. It did not recite the history of the years since 1763 or dwell on the colonists' grievances. The cause was not merely America's.

> The sun never shone on a cause of greater worth. 'Tis not the affair of a city, a county, a province, or a kingdom; but of a continent—of at least one eighth part of the habitable globe. 'Tis not the concern of a day, a year, or an age; posterity are virtually involved in the contest, and will be more or less affected even to the end of time, by the proceedings now....
>
> O! ye that love mankind! Ye that dare oppose not only the tyranny but the tyrant, stand forth! Every spot of the old world is overrun with oppression. Freedom hath been hunted round the globe. Asia and Africa have long expelled her. Europe regards her like a stranger, and England hath given her warning to depart. O! receive the fugitive, and prepare in time an asylum for all mankind.

America and England had to part. Americans could not remain tied to Europe. Though England's government was better than the despotisms of France or Spain, still its monarchy and aristocracy put up artificial barriers to the full enjoyment of the rights of man. Americans needed new governments based not on Europe's antiquated systems but on their own ideals.

"We have it in our power to begin the world over again." Not "since the days of Noah" had people had such an opportunity. "The birthday of a new world is at hand, and a race of men, perhaps as numerous as all Europe contains, are to receive their portion of freedom from the events of a few months."

By March, 120,000 copies of *Common Sense* had been sold; half a million copies were in print by year's end. The author did not remain anonymous for long. Thomas Paine had arrived from England just a year earlier, leaving behind a failed marriage and a failed career as an excise-tax officer. Carrying a letter of introduction from Franklin, he found work in Philadelphia writing magazine pieces. With *Common Sense* he changed the political dynamic in America.

As the anonymous author Thomas Paine changed the political dynamic, in New England an unknown former book seller, Henry Knox, shifted the military dynamic. Now an officer in Washington's army, Knox trekked to Fort Ticonderoga late in 1775. With hired oxen, Knox and his men dragged Ticonderoga's heavy artillery, captured by Allen and Arnold in the spring, across the frozen roads and rivers of Massachusetts. He delivered them to Washington in Cambridge in February. While Washington's Cambridge batteries fired on Boston from the north, General John Thomas, a physician turned soldier, brought the cannon from Roxbury to Dorchester Heights—which Clinton had urged fortified in June—on the bitterly cold night of March 4, 1776.

When the sun rose on March 5, Howe and the British forces saw a fortress where yesterday had been a barren hilltop. Expecting Howe to storm Dorchester Heights, Washington asked the "men of Boston" if they would allow a British triumph on that day—the Fifth of March—the anniversary of the Boston Massacre. The men were ready for an attack, though it never came.

A northeast storm brought snow and wind and made a British attack impossible. Recognizing that Boston was not an effective base from which to win back colonial loyalty, and wary of another victory as costly as Bunker Hill, Howe ordered his forces to evacuate. On March 17, 1776, the British army and fleet, along with several thousand Massachusetts Loyalists, left the town, and civil government was restored.

Washington anticipated that Howe and his army would sail for New York. As soon as the last British soldiers were on their transports, Washington ordered his own men to begin their march to New York to secure its harbor. Howe and his forces sailed for New York by way of Halifax, Nova Scotia, where they put more than a thousand exiled Loyalists ashore.

While the British were evacuating Boston, Henry Clinton was trying to preserve loyal Georgia and the Carolinas. He had arrived in March off North Carolina, expecting to be met by six thousand Scottish Highlanders from the North Carolina Piedmont. Instead he met the governors of North and South Carolina, Josiah Martin and William, Lord Campbell, respectively, accompanied by a few slaves. The six thousand Highlanders had been beaten by rebel militia at Moore's Creek Bridge, near present-day Wilmington, North Carolina. As they asked to take refuge on his warship, Martin and Campbell assured Clinton that the Carolinas remained loyal. Clinton put the governors ashore on an island, to await the rising of their loyal people, while their slaves caught fish and foraged for wild cabbages to feed them.

Clinton meanwhile received new instructions from London. The loyal Carolinas would not need him, and once he secured Charleston he should return to Boston to assist Howe. Clinton thought this plan "false" and "chimerical" as there were not enough "friends of government" in Georgia or the Carolinas to "defend themselves when the troops are withdrawn." Any Loyalists he mobilized would "be sacrificed" when he left; neither he nor his government knew that Howe had already abandoned Boston.

Clinton was sailing in June for Charleston, South Carolina. He would first take the poorly defended key to Charleston harbor, Sullivan's Island. But bad weather kept him at sea, and by the time wind and tide shifted, the rebel militia had fortified the island. Local intelligence told Clinton that from undefended Long Island his men could wade to Sullivan's Island at low tide, when the water would barely reach their knees. But it turned out the channel at low tide was seven feet deep. Under heavy fire from Sullivan's Island, Clinton's men floundered in the water before retreating to their ships. They tried again on Sullivan's Island, but though their artillery pounded the rebel defenses, the militia repulsed them. Humiliated, and mocked by the Carolina militia, Clinton sailed to join Howe, who was now on his way to New York.

British strategists knew they needed more men than England could provide. Clinton thought Russians would be ideal for fighting in America—tough, used to a variety of climates, and best of all, unlikely to desert as they could not speak English. But Catherine the Great politely refused, saying she did not want to imply that George III could not put down his own rebellions. So the British turned to Germany. As elector of Hanover, George III lent five of his own German battalions to himself as the king of England. These men replaced British troops garrisoning Minorca and Gibraltar, and the British troops sailed for America. Hanoverians stayed in Europe, but troops leased from Hesse-Cassel and Brunswick went to America. Twelve thousand men—one of every four able-bodied subjects—and thirty-two cannon went from Hesse-Cassel to America; the Landgrave of Hesse-Cassel received the soldiers' pay and expenses, plus £110,000 for each year they served and for one year after they returned home. The Duke of Brunswick received £15,000 for every year of service and £30,000 for two years after the return of the seven thousand Brunswickers dispatched in service of the British king in America.

Losing Boston, the American occupation of Montreal, and governors exiled by supposedly loyal subjects made the restoration of the American colonies more difficult, but not less likely. The British were surprised, but not defeated. The Americans would need more weapons and ships to defeat the British and German troops. But loyalty and good will are not fostered by military force. But the American goal still was not clear. Was it independence, as Thomas Paine and John Adams insisted? Or was it Parliament's disavowal of its intrusive power over them? The first question raised too many others to seem viable; the second seemed even less likely, as Parliament now hired German mercenaries to enforce its will.

Chapter 3
Independence

"I long to hear that you have declared an independency," Abigail Adams wrote to her husband, John, in April 1776, "and by the way in the new Code of Laws which I suppose it will be necessary for you to make I desire you would Remember the Ladies, and be more generous and favourable to them than your ancestors." She urged him not to "put such unlimited power into the hands of Husbands," who, under the law, controlled all of a wife's property. She urged her husband to protect women from the "vicious and Lawless" who could, under the law, treat women with "cruelty and indignity."

"Remember all Men would be tyrants if they could," she said, quoting a well-known political axiom. Abigail's quote, though, was more pointedly about men than about human nature. "If perticular care and attention is not paid to the Laidies," she warned, "we are determined to foment a Rebelion, and will not hold ourselves bound by any Laws in which we have no voice, or Representation."

John's response from Philadelphia, where he and Congress were grappling with questions of government and independence, did not please her. "As to your extraordinary Code of Laws, I cannot but laugh. We have been told that our struggle has loosened the bands of Government everywhere. That Children and Apprentices were disobedient—that schools and Colledges were grown turbulent—that Indians slighted their Guardians and Negroes grew insolent to the Masters." But her letter revealed that a more numerous and powerful group was now rising up, he thought, at the instigation of the British government. "After stirring up Tories, Landjobbers, Trimmers, Bigots, Canadians, Indians, Negroes, Hanoverians, Hessians, Russians, Irish Roman Catholicks, Scotch Renegadoes, at last they have stimulated them to demand new Priviledges and threaten to rebell."

Men knew better, he said, than to repeal their "masculine system" of governing—which he said was only imaginary. This exchange reveals how complex declaring independence would be. Americans were taking a position not only on their relationship with the British Empire but on the very basis of government, and on the nature of society itself. Why were women subject to the arbitrary rule of husbands and fathers? Why, if the Americans claimed liberty as a fundamental birthright, was one out of every five Americans enslaved? What role would native people or religious dissenters have in a new political society? Declaring independence, difficult though it was, would prove less complicated than resolving these other conundrums that would follow from it.

By spring 1776 British authority had collapsed in all of the colonies. Provincial congresses and committees of safety, mainly composed of members of the suspended colonial assemblies, took on the tasks of government administration. But, having rebelled against a Parliament that exceeded its powers, these men were wary of exceeding their own. They had been created as temporary bodies—what gave them the power to tax or to demand military service? Late in 1775 Congress instructed two colonies that had asked for guidance—South Carolina, whose white minority needed a government to prevent rebellion by the black majority, and New Hampshire—to form new governments. On May 10, 1776, it called on all the colonies to create new governments. William

Duane of New York said this call was "a machine for fabricating independence."

North Carolina's provincial congress instructed its delegates to Congress to vote for independence, and the towns of Massachusetts (except Barnstable), voted for independence in April 1776. Virginia's provincial congress resolved in May that "these United Colonies are, and of right ought to be, free and independent states." Richard Henry Lee introduced and John Adams seconded this resolution in Congress on June 7. Some delegates—the New Yorkers, who had been instructed not to support independence, and Delaware's John Dickinson—balked. Rather than have a bitter debate, Congress put off a vote. But it appointed Adams, Thomas Jefferson, Benjamin Franklin, Roger Sherman of Connecticut, and Robert Livingston of New York to draft a declaration.

Adams knew from Jefferson's 1774 "Summary View of the Rights of British America" and the 1775 declaration on the "Causes and Necessity of Taking Up Arms" that the Virginian could state complicated arguments with grace and efficiency. The declaration's purpose was not to break new philosophical ground, but to prepare a platform on which everyone in Congress, and in the states they represented, could stand. It had to be clear, not controversial, and utterly consistent with the country's prevailing mood.

The declaration begins with an explanation of the document's purpose. One group of people is preparing to separate from another, and to take their place among the world's nations. They respect the rest of the world's opinions enough to explain their reasons, beginning with a series of "self-evident" truths—basic assumptions that justify all further actions. These truths are: all men are created equal; all men have certain "inalienable rights," including "life, liberty, and the pursuit of happiness"; in order to secure these rights, people create governments, which derive their powers "from the consent of the governed"; when a government begins violating rather than protecting these rights, the people have a right to change that government or to abolish it and create a new one to protect their rights. This was all expressed in one sentence.

The next sentence observes that prudent men would not change a government for "light and transient causes," and in fact people were more likely to suffer than to change their customary systems. But when "a long train" of abuses showed that the government was attempting "to reduce them under absolute despotism," the people have a right—indeed, a duty—to "throw off such government" and create a new one to protect their fundamental rights.

Having explained the right to throw off a government before it became despotic, the declaration lists the British government's actions that now made rebellion necessary. The grievances were not surprising: since 1764 the colonists had been protesting against the acts of Parliament—the Sugar Act, the Stamp Act, Declaratory Act, the Townshend duties, the Quartering Act, the Tea Act, the Boston Port Bill, the Quebec Act, the Prohibitory Act. But the declaration shifted the blame from Parliament to the king. In fact, "Parliament" is never mentioned. All is charged against the King, and each of the twenty-seven indictments begins with "he."

The king had refused to approve laws their assemblies passed, made judges dependent for their salaries on the crown, kept standing armies in peace time, quartered troops in private homes, and protected those soldiers "by a mock trial from punishment for any murders which they should commit" on peaceful inhabitants. This reference to the Boston massacre was somewhat ironic, since John Adams had been the counsel for the accused in that "mock trial." The list of grievances continued: the king had cut off colonial trade; he had set up the Quebec government, or, as the declaration put it, abolished "the free system of English laws" in that province (which had only recently been introduced to English law). He had taken away colonial charters and suspended their legislatures. Declaring the Americans out of his protection, he had "plundered our seas, ravaged our coasts, burnt our towns, & destroyed the lives of our people," and now was sending "large armies of foreign mercenaries, to compleat the works of death, desolation & tyranny," and, as if this was not enough, he was instigating domestic insurrections by arming slaves and the "merciless Indian savages, whose known rule of warfare is an undistinguished destruction of all ages, sexes & conditions."

Congress cut the final charge in Jefferson's draft, which charged the king with waging "cruel war against human nature itself," violating the sacred rights of life and liberty of a "distant people, who never offended him" by forcing them into slavery in a distant hemisphere. The African slave trade—"this piratical warfare"—was the shameful policy of the "Christian king of Great Britain," who was so "determined to keep open a market where MEN should be bought & sold" he had vetoed their attempts to "restrain this execrable commerce."

This passage on the slave trade is far longer than any of the other charges against the king. It concluded with a related but very different charge. Not only had the king forced Americans to buy slaves, he was now trying to get these wronged people "to rise in arms among us" and win the liberty "of which he has deprived them" by killing the Americans he had forced to buy these enslaved men and women. Jefferson accused the king of atoning for his crimes against the liberties of one people—the enslaved—by having them take the lives of another people—the colonists. Congress struck out this whole passage on slavery and the slave trade.

After this list of charges, the declaration insisted that the Americans' petitions for redress had been answered only by repeated injuries. A "prince, whose character is thus marked by every act which may define a tyrant, is unfit to be the ruler of a free people." Later in life Adams thought that perhaps they should not have called George III a tyrant. George III, determined to be a "patriot king," smarted at this label. But he alone was not to blame. Americans had "warned" the British people of attempts by "their legislature"—a reference to Parliament—"to extend an unwarrantable jurisdiction over us." But the British people had been deaf to "the voice of justice and consanguinity," so Americans had no choice but to "hold them, as we hold the rest of mankind, enemies in war, in peace friends."

For all these reasons, the declaration stated, the united colonies "are, and of right ought to be, free and independent states," absolved from all allegiance to the British crown. It concluded by announcing that all connection between the people of the colonies and the state of Great Britain was totally dissolved.

Congress voted in favor of independence on July 2; two days later, it adopted the declaration. Printer John Dunlap published five hundred copies to distribute throughout the country. At the top are the words, "In Congress, July 4, 1776." The document is titled "A Declaration by the Representatives of the United States of America, in General Congress Assembled." Prominently appearing in one bold line were the words "UNITED STATES OF AMERICA," appearing in print for the first time. The new country had a name.

Bells rang and cannon fired after the people of Philadelphia heard independence declared on July 8. The militia paraded and tore down symbols of royal authority after the reading. Throughout the country, as the people heard the declaration read in public gatherings, they reacted the same way, ringing bells, firing cannon, and tearing down royal symbols. Washington on July 9 had the declaration read to his troops in New York. Then his soldiers and the people of New York together pulled down the statue of George III and cut it to pieces. The women—both New Yorkers and the women following the army—melted the king's statue down into bullets.

IN CONGRESS, JULY 4, 1776.

A DECLARATION

BY THE REPRESENTATIVES OF THE

UNITED STATES OF AMERICA,

IN GENERAL CONGRESS ASSEMBLED.

WHEN in the Courſe of human Events, it becomes neceſſary for one People to diſſolve the Political Bands which have connected them with another, and to aſſume among the Powers of the Earth, the ſeparate and equal Station to which the Laws of Nature and of Nature's God entitle them, a decent Reſpect to the Opinions of Mankind requires that they ſhould declare the cauſes which impel them to the Separation.

WE hold theſe Truths to be ſelf-evident, that all Men are created equal, that they are endowed by their Creator with certain unalienable Rights, that among theſe are Life, Liberty, and the Purſuit of Happineſs—That to ſecure theſe Rights, Governments are inſtituted among Men, deriving their juſt Powers from the Conſent of the Governed, that whenever any Form of Government becomes deſtructive of theſe Ends, it is the Right of the People to alter or to aboliſh it, and to inſtitute new Government, laying its Foundation on ſuch Principles, and organizing its Powers in ſuch Form, as to them ſhall ſeem moſt likely to effect their Safety and Happineſs. Prudence, indeed, will dictate that Governments long eſtabliſhed ſhould not be changed for light and tranſient Cauſes; and accordingly all Experience hath ſhewn, that Mankind are more diſpoſed to ſuffer, while Evils are ſufferable, than to right themſelves by aboliſhing the Forms to which they are accuſtomed. But when a long Train of Abuſes and Uſurpations, purſuing invariably the ſame Object, evinces a Deſign to reduce them under abſolute Deſpotiſm, it is their Right, it is their Duty, to throw off ſuch Government, and to provide new Guards for their future Security. Such has been the patient Sufferance of theſe Colonies; and ſuch is now the Neceſſity which conſtrains them to alter their former Syſtems of Government. The Hiſtory of the preſent King of Great-Britain is a Hiſtory of repeated Injuries and Uſurpations, all having in direct Object the Eſtabliſhment of an abſolute Tyranny over theſe States. To prove this, let Facts be ſubmitted to a candid World.

HE has refuſed his Aſſent to Laws, the moſt wholeſome and neceſſary for the public Good.

HE has forbidden his Governors to paſs Laws of immediate and preſſing Importance, unleſs ſuſpended in their Operation till his Aſſent ſhould be obtained; and when ſo ſuſpended, he has utterly neglected to attend to them.

HE has refuſed to paſs other Laws for the Accommodation of large Diſtricts of People, unleſs thoſe People would relinquiſh the Right of Repreſentation in the Legiſlature, a Right ineſtimable to them, and formidable to Tyrants only.

HE has called together Legiſlative Bodies at Places unuſual, uncomfortable, and diſtant from the Depoſitory of their public Records, for the ſole Purpoſe of fatiguing them into Compliance with his Meaſures.

HE has diſſolved Repreſentative Houſes repeatedly, for oppoſing with manly Firmneſs his Invaſions on the Rights of the People.

HE has refuſed for a long Time, after ſuch Diſſolutions, to cauſe others to be elected; whereby the Legiſlative Powers, incapable of Annihilation, have returned to the People at large for their exerciſe; the State remaining in the mean time expoſed to all the Dangers of Invaſion from without, and Convulſions within.

HE has endeavoured to prevent the Population of theſe States; for that Purpoſe obſtructing the Laws for Naturalization of Foreigners; refuſing to paſs others to encourage their Migrations hither, and raiſing the Conditions of new Appropriations of Lands.

HE has obſtructed the Adminiſtration of Juſtice, by refuſing his Aſſent to Laws for eſtabliſhing Judiciary Powers.

HE has made Judges dependent on his Will alone, for the Tenure of their Offices, and the Amount and Payment of their Salaries.

HE has erected a Multitude of new Offices, and ſent hither Swarms of Officers to harraſs our People, and eat out their Subſtance.

HE has kept among us, in Times of Peace, Standing Armies, without the conſent of our Legiſlatures.

HE has affected to render the Military independent of and ſuperior to the Civil Power.

HE has combined with others to ſubject us to a Juriſdiction foreign to our Conſtitution, and unacknowledged by our Laws; giving his Aſſent to their Acts of pretended Legiſlation:

FOR quartering large Bodies of Armed Troops among us:

FOR protecting them, by a mock Trial, from Puniſhment for any Murders which they ſhould commit on the Inhabitants of theſe States:

FOR cutting off our Trade with all Parts of the World:

FOR impoſing Taxes on us without our Conſent:

FOR depriving us, in many Caſes, of the Benefits of Trial by Jury:

FOR tranſporting us beyond Seas to be tried for pretended Offences:

FOR aboliſhing the free Syſtem of Engliſh Laws in a neighbouring Province, eſtabliſhing therein an arbitrary Government, and enlarging its Boundaries, ſo as to render it at once an Example and fit Inſtrument for introducing the ſame abſolute Rule into theſe Colonies:

FOR taking away our Charters, aboliſhing our moſt valuable Laws, and altering fundamentally the Forms of our Governments:

FOR ſuſpending our own Legiſlatures, and declaring themſelves inveſted with Power to legiſlate for us in all Caſes whatſoever.

HE has abdicated Government here, by declaring us out of his Protection and waging War againſt us.

HE has plundered our Seas, ravaged our Coaſts, burnt our Towns, and deſtroyed the Lives of our People.

HE is, at this Time, tranſporting large Armies of foreign Mercenaries to compleat the Works of Death, Deſolation, and Tyranny, already begun with circumſtances of Cruelty and Perfidy, ſcarcely paralleled in the moſt barbarous Ages, and totally unworthy the Head of a civilized Nation.

HE has conſtrained our fellow Citizens taken Captive on the high Seas to bear Arms againſt their Country, to become the Executioners of their Friends and Brethren, or to fall themſelves by their Hands.

HE has excited domeſtic Inſurrections amongſt us, and has endeavoured to bring on the Inhabitants of our Frontiers, the mercileſs Indian Savages, whoſe known Rule of Warfare, is an undiſtinguiſhed Deſtruction, of all Ages, Sexes and Conditions.

IN every ſtage of theſe Oppreſſions we have Petitioned for Redreſs in the moſt humble Terms: Our repeated Petitions have been anſwered only by repeated Injury. A Prince, whoſe Character is thus marked by every act which may define a Tyrant, is unfit to be the Ruler of a free People.

NOR have we been wanting in Attentions to our Brittiſh Brethren. We have warned them from Time to Time of Attempts by their Legiſlature to extend an unwarrantable Juriſdiction over us. We have reminded them of the Circumſtances of our Emigration and Settlement here. We have appealed to their native Juſtice and Magnanimity, and we have conjured them by the Ties of our common Kindred to diſavow theſe Uſurpations, which, would inevitably interrupt our Connections and Correſpondence. They too have been deaf to the Voice of Juſtice and of Conſanguinity. We muſt, therefore, acquieſce in the Neceſſity, which denounces our Separation, and hold them, as we hold the reſt of Mankind, Enemies in War, in Peace, Friends.

WE, therefore, the Repreſentatives of the UNITED STATES OF AMERICA, in GENERAL CONGRESS, Aſſembled, appealing to the Supreme Judge of the World for the Rectitude of our Intentions, do, in the Name, and by Authority of the good People of theſe Colonies, ſolemnly Publiſh and Declare, That theſe United Colonies are, and of Right ought to be, FREE AND INDEPENDENT STATES; that they are abſolved from all Allegiance to the Britiſh Crown, and that all political Connection between them and the State of Great-Britain, is and ought to be totally diſſolved; and that as FREE AND INDEPENDENT STATES, they have full Power to levy War, conclude Peace, contract Alliances, eſtabliſh Commerce, and to do all other Acts and Things which INDEPENDENT STATES may of right do. And for the ſupport of this Declaration, with a firm Reliance on the Protection of divine Providence, we mutually pledge to each other our Lives, our Fortunes, and our ſacred Honor.

Signed by ORDER *and in* BEHALF *of the* CONGRESS,

JOHN HANCOCK, PRESIDENT.

ATTEST.
CHARLES THOMSON, SECRETARY.

PHILADELPHIA: PRINTED BY JOHN DUNLAP.

3. The first printing of the Declaration of Independence, on July 4, 1776, of the Americans' reasons for rebelling. This document created a nation with a birthdate (July 4) and a name: The United States of America.

Bullets they would need. As the declaration was being read in Manhattan, thirty-thousand British troops, the largest European force ever sent overseas, were coming ashore on Staten Island. Washington knew his poorly armed and poorly trained New England soldiers could not defend New York from the army commanded by General William and the navy under his brother, Admiral Sir Richard Howe. Washington also had learned by now that the Americans had failed in Canada. The French along the St. Lawrence too well remembered New England's wars against them, and the able British governor, General Sir Guy Carleton, rallied them to break the American siege of Quebec, then beat them at Trois-Rivières. By June the badly depleted Americans—ravaged by smallpox and a Canadian winter—were retreating from Montreal.

Washington realized New York was indefensible. To hold the city of twenty-two thousand at the lower tip of Manhattan, he would also have to hold Brooklyn, whose heights loomed across the East River. To hold Brooklyn he would have to defend all of Long Island, impossible with no ships and only nineteen thousand men. Washington realized this; so did General Howe. He sent Clinton on August 22 to Long Island's south shore. American Loyalists thronged to support Clinton's landing; no American rebels opposed him. Quickly Clinton's German and British troops killed or captured fourteen hundred American troops, as the rest fled to their Brooklyn stronghold. The Battle of Long Island, the largest-scale battle in the entire Revolutionary War, was a disaster for the Americans.

Half of Washington's army was now trapped in Brooklyn. Howe could easily destroy it and crush the rebellion. But, hoping to avoid unnecessary casualties both of his own men and the deluded Americans, he decided on a siege of Brooklyn. Clinton advised him to seize Kings Bridge over the Harlem River, before Washington's Manhattan troops escaped into the Bronx. But Howe was more interested in lower Manhattan, where his brother's fleet could dock, and also in reconciliation.

Admiral Howe had written to Franklin when he reached Staten Island, proposing they meet to discuss reconciliation. He recalled that they had met over games of chess in 1774 at Catherine Howe's London home, discussing ways to preserve what Franklin called "that fine and noble China Vase the British Empire." Franklin now said reconciliation was impossible, that he hoped for peace between the two countries—not among people of one country. He advised Howe to resign his command rather than pursue a war he knew to be unwise and unjust.

But this was before the debacle on Long Island. Howe sent captured American general John Sullivan to Philadelphia to propose that Congress send someone to discuss reconciliation. Sullivan reported enthusiastically that Howe could have the Declaratory Act set aside. John Adams opposed negotiating with Howe, wishing that "the first ball that had been fired on the day of the defeat of our army [on Long Island] had gone through [Sullivan's] head." Congress sent Adams, Franklin, and Edward Rutledge, to meet the admiral on Staten Island.

On their way to Staten Island, Adams was not inspired by the "thoughtless dissipation" of the American officers and soldiers "straggling and loitering" in New Jersey. They put on a bold front in their meeting with Howe, bringing with them to Staten Island the officer Howe had dispatched as a hostage, to wait on the New Jersey shore. Howe's face brightened when he saw this, and he told the Americans their trust "was the most sacred of Things."

This was the high point of the three-hour meeting. Howe supplied "good Claret, good Bread, cold Ham, Tongues, and Mutton," but said he could consider his guests only as influential citizens, not as a committee of Congress. "Your Lordship may consider me, in what light you please," John Adams said quickly, "and indeed I should be willing to consider myself, for a few moments, in any Character which would be agreeable to your Lordship, except that of a *British Subject*."

"Mr. Adams is a decided Character," Howe said to Franklin and Rutledge. They replied that they had come to listen. Howe outlined his proposal—if the Americans resumed their allegiance to the king, the king would pardon them for rebelling. (Adams learned later that this amnesty did not include him.) Rutledge spoke up: after two years of anarchy, the states had created new governments; it was now too late for reconciliation.

Howe spoke of his own gratitude to Massachusetts for the Westminster Abbey monument to honor his brother, and he now "felt for America, as for a Brother, and if America should fall, he should feel and lament it, like the loss of a Brother."

"We will do our Utmost Endeavours," Franklin assured him with a smile and a bow, "to save your Lordship that mortification."

The diplomats crossed back to New Jersey, and Howe prepared to crush Washington's army. A violent storm had prevented an attack on the Brooklyn camp, and a dense fog then had allowed Washington to get his army across the East River. They had a chance now to escape into New Jersey or up the Hudson, but also had Congress's wish that they hold New York. As the commissioners departed from Staten Island, Howe's forces began their attack on Washington's lines on Manhattan. Four days later, Howe and the British army held New York, which would be their base for the next seven years.

Washington held Harlem Heights (now Washington Heights) at Manhattan's northern tip, and his men built Fort Washington and Fort Lee on either side of the Hudson. But Guy Carleton was now moving down from Canada, destroying the American vessels trying to hold Lake Champlain. Carleton held Crown Point, just a dozen miles from Ticonderoga, by mid-October. Ticonderoga would give him control of the Hudson, and he could trap Washington between his Canadian army and Howe's forces in New York.

"Whenever an army composed as this of the rebels is," Clinton wrote, "has once felt itself in a situation so alarming, it can never recover." The British strategy was destroying Americans' confidence in themselves and in Washington. "It loses all confidence in its chief; it trembles whenever its rear is threatened."

The British moved up the East River, through the deadly currents of Hell Gate—they anticipated losing hundreds of men in this treacherous maneuver, but only lost two boats—and landed their forces on Throggs Neck. They now had access to Westchester County and could trap Washington in Harlem. Washington moved from Harlem to White Plains, where the British had attacked in October, squeezing his remaining eleven thousand Americans into a narrow tract divided by the Hudson and Harlem Rivers, between Harlem and Peekskill. Washington crossed over to Hackensack, New Jersey.

Howe sent General Charles Cornwallis to protect New Jersey's loyal farmers, whom he needed to provision his army in New York; and though Clinton advised taking Philadelphia, Howe instead sent him to Newport, Rhode Island—unlike the rivers near New York, Narragansett Bay rarely froze, and the fleet would need a winter anchorage. The year had begun with Washington surrounding the British in Boston; as it neared its end he was himself surrounded in Westchester, with the Howes confidently waiting for Carleton and his Canadians to come down the Hudson to finish the American army and rebellion in one stroke.

But Carleton did not arrive. Benedict Arnold had built a fleet of gunboats on Lake Champlain that kept Carleton from advancing to Ticonderoga. Carleton's military experience told him not to stretch his supply lines too far; his long Canadian experience taught him not to stay in Crown Point over the winter. He retreated to Canada in November.

Even without Carleton, Howe pushed the remaining Americans out of Manhattan. Johann Gottlieb Rall's Hessians took Fort Washington and nearly two thousand prisoners on December 16. Two days later they crossed the Hudson and drove the Americans from Fort Lee. The "rebels fled like scared rabbits," a British officer wrote," leaving some poor pork, a few greasy proclamations, and some of that scoundrel 'Common Sense' man's letters; which we can read at our leisure, now that we have got one of 'the impregnable redoubts' of Mr. Washington to quarter in."

Paine had joined the army at Fort Lee, one of the few new recruits in a rapidly disappearing army. Washington had nineteen thousand men with him in New York; barely three thousand were still with him when he reached the Delaware. Just ahead of Cornwallis, he commandeered all of the boats on the Delaware's New Jersey banks and crossed into Pennsylvania. Congress fled to Baltimore.

As Washington retreated across the Delaware, the British captured Charles Lee, the one American general whose rank they acknowledged. Lee had been a general in the British army, and like the Howes and Cornwallis he sympathized with the American cause. Unlike them, he resigned to join the Americans in 1776. Because he was a former British officer, both the Americans and British regarded him more highly than he deserved. He had been slowly making his way to join Washington but tarried late in the morning on December 13, still in his dressing gown at a New Jersey tavern telling the assembled company about Washington's incompetence when a British patrol interrupted the party at eleven a.m. Having driven Washington out of New York and New Jersey and captured Lee, Howe's men could rest over the winter. Howe set up posts to protect New Jersey, dispatching Hessians to occupy Trenton and putting most of his British forces into winter quarters in New York. Cornwallis prepared to sail home, confident that the rebellion was collapsing and the war would be over by spring.

Howe had set up posts to protect the Loyalists, but the Hessian and British soldiers were not good protectors. Seeing all Americans as rebels, the Hessians and some British treated civilians brutally, raping women and stealing property. Loyalist New Jerseyans turned against the cause the Hessians served.

"Let it be told to the future world, that in the depth of winter, when nothing but hope and virtue could survive, that the city and the country, alarmed at one common danger, came forth to meet and repulse it." Thomas Paine wrote this as the dwindling army fled across New Jersey.

"These are the times that try men's souls. The summer soldier and the sunshine patriot will, in this crisis, shrink from the service of their country; but he that stands it now deserves the love and thanks of man and woman. Tyranny, like hell, is not easily conquered.... Heaven knows how to put a proper price upon its goods; and it would be strange indeed if so celestial an article as FREEDOM should not be highly rated."

Paine recalled a tavern keeper in Amboy talking politics, with his small child by his side. The father concluded, "*Well! Give me peace in my day.*" Paine was outraged. The man was hardly a father at all—"a generous parent should have said, "*If there must be trouble, let it be in my day, that my child may have peace.*"

Paine brushed off the loss of New York. He reminded the citizens of New Jersey that a British army once ravaging France had been "driven back like men petrified with fear" when a French woman—Joan of Arc—had rallied her countrymen. "Would that heaven might inspire some Jersey maid to spirit up her countrymen, and save her fair fellow sufferers from ravage and ravishment!"

Paine's message was not for the leaders of the army or Congress. It was for the ordinary men and women of America. This was not Washington's or Congress's cause, it was theirs. "Say not that thousands are gone, turn out your tens of thousands; throw not the burden of the day upon Providence, but '*show your faith by your works,*' that God may bless you." This was their crisis—it would be their loss, or their opportunity. Slipping into Philadelphia, Paine had the pamphlet printed under the title *The American Crisis*. Just as he had mustered his men on a summer day in New York to hear the Declaration of Independence, Washington in the Pennsylvania winter mustered them to hear *The Crisis*. He knew his troops were disappearing. Those who remained would go home when their enlistments were up in the first week of January. No more men would join in the spring. If he did not act now, he could never act again.

In a Christmas-night snowstorm, with floes of ice surrounding the boats, Washington led twenty-four hundred men across the Delaware. Just after dawn they struck the Hessian camp in Trenton. In a quick and well-planned action Washington's men captured more than nine hundred Hessians.

This brilliant military stroke awakened Howe and awakened New Jersey. In Trenton, Washington's men liberated wagons of loot the Hessians had taken from New Jersey homes, souvenirs they planned to bring home, and returned the property to its rightful owners. The victory at Trenton brought more men into Washington's camp. It also brought out the Pennsylvania and New Jersey militias to set up patrols and ambushes on the roads between Princeton and New Brunswick.

Washington paroled the nine hundred prisoners and sent them to the Potomac and Shenandoah valleys, where they sat out the war. Many stayed after it ended, rather than return to the dominion of the Landgrave of Hesse-Cassel. Aware that rich American land, and freedom from being hired out as mercenaries, might tempt other Germans, Congress offered land bounties to deserters, printing the offer in German on cards inserted into tobacco pouches sold in New York.

Cornwallis had been aboard a ship bound for England but came ashore to lead ten thousand men across New Jersey. Late on New Year's Day, 1777, he reached Princeton. With a much larger force than Washington's, he planned to attack Trenton the next day. But American riflemen harassed his march, aiming at officers as the

4. German artist Emanuel Leutze began this heroic painting of Washington crossing the Delaware, twelve feet high and twenty-one feet long, in the year of European revolution, 1848. Washington and his diverse group—backwoodsmen and gentlemen, a black sailor from New England, a native American, and one androgynous figure who might be a woman—embark across the difficult river. Leutze hoped to inspire Europeans with the example of Washington and the American cause. Henry James called this copy Leutze sent to America in 1851 an "epoch-making masterpiece"; the original stayed in Germany, where a British bomber destroyed it in 1942.

line advanced. The sun was already setting on January 2 when Cornwallis reached Trenton. He drew his men up on the north bank of Assunpink Creek, showing the Americans in defensive positions on the south bank how badly outnumbered they were. The next day they would finally destroy Washington's army. Cornwallis ordered his exhausted men to rest. One officer urged Cornwallis to attack immediately—"If you trust those people tonight you will see nothing of them in the morning." Cornwallis reportedly answered, "We've got the Old Fox safe now. We'll go over and bag him in the morning."

The Old Fox and his own officers discussed their obvious dilemma—they were about to be overwhelmed by Cornwallis's army. Washington asked advice. Locals had told Arthur St. Clair, an American officer, about a back road to Princeton. The army could get there by dawn, attack the British rear, and control the road back to New Brunswick. Washington ordered five hundred men to stay in Trenton, keep their fires blazing and loudly dig trenches and build fortifications. He led the rest of his army quietly away on the back roads to Princeton.

Just after dawn, as Cornwallis prepared finally to destroy Washington's army at Trenton, the American forces surprised the British at Princeton. Though the stunned British recovered and repulsed the initial American attack, Washington arrived, rallied his men (one soldier reported closing his eyes so he would not see Washington fall), and led the army into Princeton.

In Trenton, Cornwallis heard the distant thunder of guns to the northwest. He turned his men around to march to Princeton. By the time he arrived, Washington and his men had defeated the rear of the British army and were moving east, after the British supply wagons or even the base at New Brunswick. But with his men exhausted from marching, fighting, and marching, and knowing it was essential to preserve his army, Washington turned north to take up winter quarters in Morristown.

Cornwallis did not pursue him. He now was wary of Washington's strength and strategic sense. Defeated at Long Island, Manhattan, White Plains, Harlem, and Fort Lee, and humiliated in their retreat across New Jersey, Washington and his men kept coming back. Cornwallis placed his own men to defend New Brunswick and Amboy, launching foraging expeditions from these New Jersey posts to feed the forces in New York. Washington's men and the New Jersey militia attacked these foraging parties, killing, wounding, or capturing more than nine hundred men between January and March, weakening the British forces as effectively as Trenton and Princeton had shattered their notion of invincibility.

Howe and Clinton had been sent to achieve a political end—reconciliation—through military means. Washington was securing a military end—victory—through the political means of cultivating support from the men and women the army protected. He knew his army could not hold territory. Only the men and women who lived in the country could hold it.

Chapter 4

War for independence

Baltimore publisher Mary Katherine Goddard in January 1777 published a new edition of the Declaration of Independence, for the first time carrying the names of the signers. These men had signed in secrecy, but Mary Katherine Goddard put them on record now. As the war took turns for better or worse, they could not deny their fidelity. The decision had been made.

The war was for American independence. But the Americans would need military help from France. Franklin had sailed for France in October 1776 and had received an enthusiastic tumultuous greeting when he reached in Paris in December. "There was scarcely a peasant or a citizen, a valet, coachman, or footman, a lady's chamberlain, a scullion in the kitchen," John Adams wrote, "who did not consider him a friend to humankind."

The playwright Beaumarchais formed a dummy corporation to ship muskets and gunpowder to the Americans, and King Louis XVI secretly loaned it a million livres ($200,000). Eleven thousand French muskets and one thousand barrels of gunpowder reached America in 1777; by 1783, France would send the Americans £48 million ($1.4 billion today) worth of supplies and weapons.

Weapons were essential; French officers were a problem. Eager for a chance to fight the English and for more excitement than could

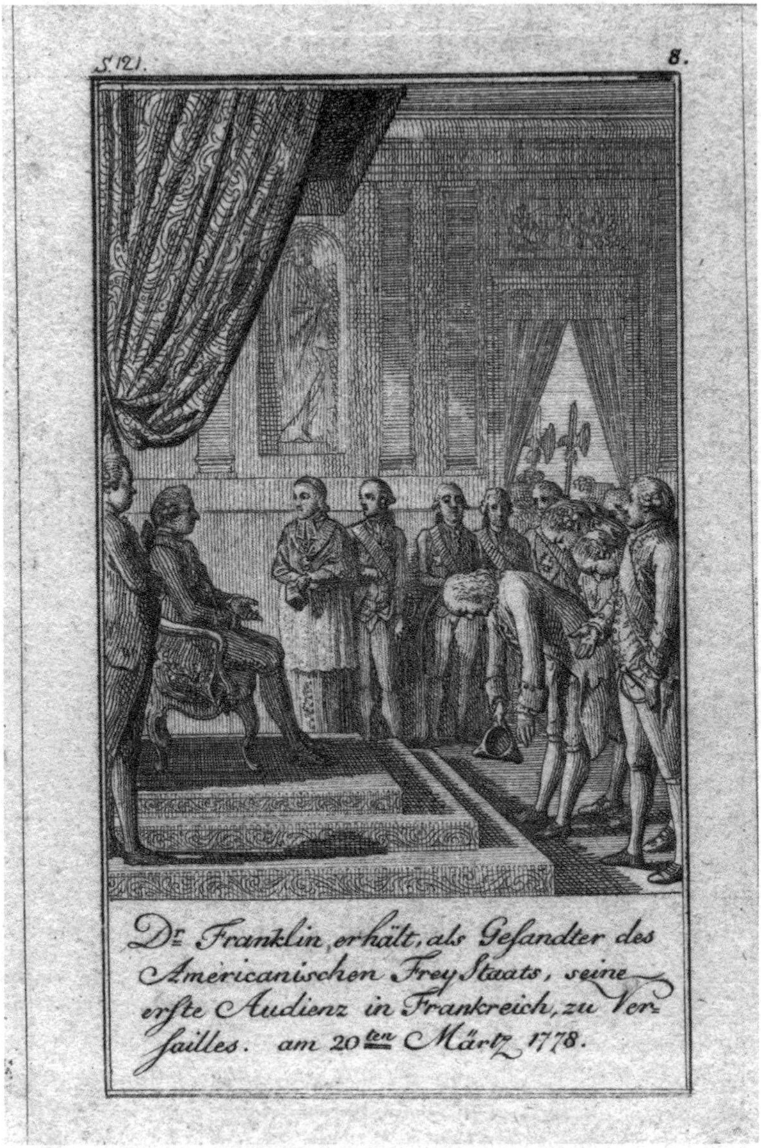

5. Benjamin Franklin is presented to King Louis XVI of France, who has recognized American independence and declared war on England, March 1778.

be found in a West Indian garrison, French officers sought commissions in America. Americans needed engineers, but other officers were nuisances, if not dangers. French artillery officer Phillippe Charles Tronson du Coudray insisted on an appointment as major general in charge of artillery and engineers. He demanded seniority over all Americans but Washington and salaries for his retinue—a secretary, a designer, three servants, six captains, and twelve lieutenants. Silas Deane, handling American affairs in Paris before Franklin's arrival, agreed because du Coudray assured him that he would bring a hundred more French officers into the American cause.

The prospect of a hundred more du Coudrays displeased Henry Knox, Nathanael Greene, and John Sullivan, who threatened to resign if du Coudray became their superior. Congress blasted Knox, Greene, and Sullivan for self-interest and for interfering with the people's representatives, but not wanting to lose their services, Congress offered du Coudray the post of inspector general. He angrily refused, insisting he be a major general, the equal of Washington. Du Coudray also angrily refused the suggestion of a Philadelphia ferry operator that he dismount for the boat ride across the Schuylkill. French generals do not take orders from boatmen. Moving boats spook horses, and du Coudray's jumped overboard and drowned him. "Monsieur du Coudray," wrote Johann Kalb, "has just put Congress much at ease by his death."

Kalb, a Bavarian-born French army veteran, had arrived in July 1777 with the wealthy young nobleman Marie Joseph Paul de Lafayette, nephew of France's ambassador to England. Lafayette, not yet twenty, had become enthused with the American cause. His visit to London had been a sensation—"We talk chiefly of the Marquis de la Fayette," historian Edward Gibbon wrote in the spring of 1777. He met with General Henry Clinton, Lord Germaine, the king's war minister, and even King George III, who invited him to inspect naval fortifications. But Lafayette returned to France and purchased and outfitted a ship, eluding his own king's order for his arrest (Louis XVI knew that allowing an important nobleman to go openly to America would bring trouble from England) to slip out of France.

Lafayette and his party landed in South Carolina, then made their way to Philadelphia just as Congress had wearied of French generals seeking ranks and paychecks. Congress did not let him into the building. It sent James Lovell, its only member who spoke French (he had been a teacher at Boston's Latin School), to send him away. Lafayette was persistent. He asked if he could speak directly to Congress. Thinking it would do little harm to give him five minutes the next day, Congress allowed him to come back. He made the most of the opportunity, summarizing in English the difficulties endured and the expenses incurred in coming America, he concluded, "After the sacrifices I have made, I have the right to exact two favors: one is, to serve at my own expense; the other is, to serve at first as a volunteer."

A French officer wanting to serve, not command, was a novelty. A few days later Lafayette met Washington, and the two formed a professional bond and friendship. By this time Congress had received Franklin's testimonial to Lafayette's political importance and allowed him to stay.

The war now was taking a new turn, with new British strategies. General John Burgoyne had proposed a campaign from Canada, cutting off New England by securing Lake Champlain and the Hudson. He made the case for reviving Carleton's strategy with such bluster that the British ministry accepted it. Burgoyne "almost promises to cross America in a hop, step, and a jump," wrote British novelist Horace Walpole, who preferred Howe's modesty. "At least if he does nothing," Howe "does not break his word."

Burgoyne reached Canada with four thousand British and three thousand Brunswick soldiers. Governor Carleton resigned when

6. General John Burgoyne enlisted the support of the Iroquois for his campaign into New York by way of Canada.

he learned that Burgoyne had come to do what Carleton, with fewer men, had nearly done the previous year. The king refused Carleton's resignation, and the governor enlisted Canadian militia and provisions and helped Burgoyne get his forces to Lake Champlain.

Howe had not been told of the new strategy and did not know he was to send an army up the Hudson to meet Burgoyne. He left for Philadelphia in early summer, loading 266 vessels with men and horses. No one in London, Canada, or in Washington's army knew where he was going. "The Howes are gone the Lord knows whither," Horace Walpole wrote, "and have carried the American war with them."

Late in July the fleet appeared off the Delaware, then vanished again for three weeks. Toward the end of August it was off the Chesapeake and began making its way up the bay. Washington suspected the

Howes were heading to Philadelphia, but he had already sent forces to defend the Hudson valley and New England against Burgoyne.

Burgoyne found the Canadian and New York terrain more difficult than it had appeared on London maps. He had counted on Iroquois support as Colonel Barry St. Leger led a prong of the army from Oswego down to the Mohawk River and through New York. But the League had declared neutrality. St. Leger had invited the Iroquois to "come and see them whip the rebels" at Fort Stanwix. The Mohawk, Seneca, and Cayuga warriors who took him up were "obliged to fight for their lives" against the Americans, and then against one another. Oneida and Tuscarora warriors sided with the Americans. As St. Leger's forces besieged Fort Stanwix (now Rome, New York), Iroquois warriors found themselves fighting their own countrymen in a British war. The militia in Fort Stanwix (the Americans called it Fort Schuyler) held off the siege, and Benedict Arnold brought a column to relieve the Fort, dispersing St. Leger's forces in a hasty, chaotic retreat.

Nine hundred Germans foraging in Vermont, who marched in their cavalry boots in anticipation of riding out on New England horses, instead were killed or captured at Bennington by the Vermont and New Hampshire militias. The New England militia moved on to join General Horatio Gates at Bemis Heights, above the Hudson near Saratoga, New York. Burgoyne expected a British, not an American, army to meet him on the Hudson.

Howe's army, which Burgoyne expected to meet, was now in Pennsylvania. Washington, with eleven thousand ragged troops, tried to defend Philadelphia from Howe's seventeen thousand men. Cornwallis and Wilhelm von Knyphausen's Hessians pinned down Washington's forces along Brandywine Creek, southwest of Philadelphia. Greene kept Cornwallis and Knyphausen at bay long enough for Washington to retreat to Chester, while Congress fled to York, Pennsylvania. Lafayette, still a volunteer, rallied an American unit breaking under the British attack. Shot in the leg, he was one of seven hundred men on the American side wounded, killed, or captured. Two weeks later, the British and Germans occupied Philadelphia.

Burgoyne by this time had tried to attack the Americans at Bemis Heights and had lost six hundred men in doing so. He failed again on October 7 and sent desperate pleas to Clinton to come up the river. Clinton did, taking the American forts on the lower Hudson, but then received new orders from Howe to send two thousand men to help secure the lower Delaware. Howe had taken the capital. Why did he need reinforcements?

Washington still had his army. Once again he surprised the British. Defeated on the Brandywine and driven from Philadelphia, Washington attacked the superior British force at Germantown. Though the British killed, wounded, or captured more than a thousand of Washington's men, his attack reminded Howe of Washington's tenacity. When Frederick the Great heard the Americans had lost Philadelphia, he thought they had lost the war. When he heard a month later of the attack at Germantown, he said that the Americans, if led by Washington, must win.

On the Hudson, the New England militias and Gates's forces closed in on Burgoyne. He now knew that St. Leger had not reached the Mohawk and that Clinton could send no aid. He had counted on the Hudson Valley's rich farmlands to sustain his troops, but rebels like Catherine Schuyler, wife of General Philip Schuyler, had destroyed their own crops—she had tossed flaming torches into her wheat fields to deprive Burgoyne's men from of the harvest. His supplies would have to come along a route that would soon be frozen. On October 17 he capitulated. Five thousand British and German prisoners, along with two thousand women who accompanied the army, were marched to Boston.

Burgoyne's surrender and Washington's surprise attack at Germantown were evidence to France that the Americans could win. In February 1778, King Louis XVI recognized the independence of the United States. Renouncing any attempt to regain Canada, France pledged to fight until the British recognized American independence. France could send men and arms to America; more ominously for Britain, it could attack the West Indies and even England. Ships currently blockading the American coast were now needed to protect the home islands and the routes to India. French admiral Comte d'Estaing with a fleet of twelve ships of the line and five frigates carrying two infantry brigades sailed from Toulon in April. By the time Britain mustered a force to pursue them, d'Estaing was halfway across the Atlantic. Lord Camden blasted Prime Minister North for starting a war on the premise that Americans were cowards and the French, idiots.

Lord North knew the Americans would fight until their independence was recognized; he also knew the king would never accept independence. He had Parliament rescind the Declaratory Act, promised not to tax the colonies directly, and also pledged that revenues raised in America would be spent in America. Americans might have accepted this in 1774, but would not in 1778. North sent commissioners—the Earl of Carlisle, an opposition Whig, George Johnstone, former governor of Florida, and William Eden of the government's intelligence services—to negotiate with the Americans.

Occupying Philadelphia gave the British an opportunity at conciliation. The city's Quakers were against all wars, the city's Loyalists blamed their rebellious neighbors for starting this one. Longtime Philadelphia politician Joseph Galloway, a former ally of Franklin and member of the first Continental Congress (but opponent of independence), was put in charge of city government. Howe hoped Galloway would rally the loyal and conciliate the rebellious. But Galloway's opinion of himself and confidence in his importance were too outsized to make him effective either as an administrator or conciliator.

With Howe and the British army occupying Philadelphia, Washington and his ten thousand men, and several hundred women who accompanied them, built a winter camp at Valley Forge, twenty miles from the city. The bitterly cold Valley Forge winter has become part of American folklore, a defining time for Washington and his army. His men faced a persistent lack of food, money, and clothing, but Washington would not allow them to despair or the army to disappear.

Against Nathanael Greene's wishes Washington put the Rhode Island Quaker in charge of the commissary. Greene wanted to fight, as he had at Bunker Hill, New York, Trenton, Princeton, and Brandywine Creek, not attend to the mundane problems of supply. But a skilled administrator, Greene prevented starvation and helped maintain an orderly camp.

Into the camp fortuitously came Friedrich Wilhelm von Steuben, claiming to be a lieutenant general under Frederick the Great. Steuben had staffed Frederick's headquarters but had never served under him in battle. A small German principality had given Steuben the honorary "von." Like Lafayette, however, Steuben asked only for a chance to volunteer. Washington let him train a hundred men; the results were so impressive after two weeks that Washington let him train a hundred more of these farmers, mechanics, and artisans. He drilled them, marched them, taught them tactics. He was not drilling them as he would Prussians. He later explained to a Prussian officer, "You say to your soldier, 'Do this' and he doeth it; but I am obliged to say 'This is the reason why you ought to do that,' and then he does it." They were already veterans; by winter's end they were an army.

With one officer feeding and another training his army, Washington still had to fight to lead it. Members of Congress, particularly New Englanders, wondered why Gates, the victor at Saratoga, should not replace Washington, who did little but retreat. Gates and Thomas Conway, an Irish-born French officer, schemed to replace Washington; but Washington had enough allies in Congress, and by this time in the army itself, to hold his position. Congress wanted Washington to drive the British from Philadelphia and also wanted Lafayette to invade Canada, hoping he could rally the French Canadians. Greene saw this "Don Quixote expedition to the northward" as a ploy "to increase the difficulties of the General."

The British army had its own problems. Clinton arrived in Philadelphia in early May to replace the Howes. He had new orders: give up Philadelphia, hold New York, and send most of his men to Florida and the Caribbean. Philadelphia's Loyalists were thrown into a state of "Horror & melancholy" by news that the British were leaving. Galloway knew he would be "exposed to the Rage of his bitter Enemies, deprived of a fortune of about £70,000, and now left to wander like Cain upon the Earth without Home, & without Property." "I now look upon the Contest as at an End," Lord Howe's secretary wrote. "No man can be expected to declare for us, when he cannot be assured of a Fortnight's Protection." Desperate Loyalists asked Clinton's permission to negotiate with Washington. He refused, knowing that every Loyalist in the country might abandon the cause; he reluctantly agreed to take the Loyalists with him.

Galloway's wife, Grace Growden Galloway, daughter of one of Pennsylvania's leading men, stayed in Philadelphia after the British evacuation. When the patriots evicted her from her home, she maintained her dignity: "I…laughed at the whole wig party. I told them I was the happyest woman in town for I had been stripped and Turned out of Doors yet I was still the same and must be Joseph Galloways Wife and Lawrence Growdons daughter and that it was Not in their power to humble Me."

Before they left, the Loyalists and British officers honored the Howes with a "meschianza," with fireworks, a parade, and a jousting tournament. British officers dressed as knights, competing for the favor of young Philadelphia women, dressed as Turkish princesses and carried by turbaned slaves through the streets on elaborate sedan chairs. It was a memorable event, but Lord Howe's secretary noted, "It cost a great Sum of Money. Our Enemies will dwell upon the Folly & Extravagance of it with Pleasure."

North's three commissioners arrived and were stunned to find Philadelphia being abandoned. Clinton denied them permission to meet with Congress, so they asked Washington to intercede. He sent Congress their request, but did no more. They realized their mission was one "of ridicule, nullity, and embarrassments."

Sending the Loyalists by sea with the Howes, Clinton left Philadelphia on June 18, with eighteen thousand men and a baggage train twelve miles long. Knowing that Washington might attack, he placed half his army in front of the baggage train, the rest behind. After fourteen hours of rain the weather turned hot, and New Jersey's mosquitoes came out in large numbers. Every third Hessian collapsed from heat stroke; some did not survive. Rebellious New Jerseyans destroyed bridges to slow the march, and New Jersey's people, particularly women, who remembered the raping and plunder on the British and German advance across New Jersey in 1776, now hid from the retreat, making farms and villages seem abandoned.

Divided by twelve miles of luggage, these two slow-moving armies made tempting targets on the hot roads to New Brunswick. Washington and his officers debated what to do. Charles Lee, released from his British captivity, thought the French alliance meant Washington no longer needed to fight but should build a "bridge of gold" across New Jersey. Others—Greene, Steuben, Wayne, and Lafayette—urged an attack. Washington opted to to harass the retreating column; aide Alexander Hamilton said this modest plan would have "done honor to the most honorable body of midwives and to them only."

As the forward line and baggage boarded ships at Sandy Hook, Cornwallis, with the rear of the British army, waited in pine barrens near Monmouth Courthouse (now Freehold). Lee, initially opposed to an attack, received permission to surprise the British column. Cornwallis responded quickly and forced Lee to retreat. When Washington arrived on the scene and demanded to know why he had ordered a retreat, Lee explained that "the attack had been made contrary to his opinion," and when it did not go well he called it off. Washington denounced Lee as a "damned poltroon" (coward) and rallied the men.

Clinton hoped Washington would bring his whole army to Lee's aid—he knew in a general engagement he could defeat the Old Fox. But Washington knew enough to avoid this. He organized the forces to hold their ground. Exhausted with the heat, the Americans, having lost more than 200 men, retreated; Clinton's forces, minus 358 killed, wounded, or dead of heatstroke, continued on to Sandy Hook. The last major battle in the north, it was not a victory for either side, but Washington's men, trained over the winter at Valley Forge, fought like an army. Washington ordered Lee court-martialed and dismissed.

Comte d'Estaing's fleet arrived off the Delaware just a week after the British were safe in New York. Though he missed a chance to catch Howe at sea, he now had his fleet bottled up in New York. Admiral Howe expected d'Estaing to attack New York; watching Washington moving forces across the Hudson north of the city, Clinton anticipated an attack on Newport.

Clinton was right. While the British fortified New York, d'Estaing sailed for Narragansett Bay. There John Sullivan and American militia joined the French forces, who landed to besiege Newport. The British sank their own ships in Newport's harbor to stymie a French assault. But d'Estaing sailed off when another British fleet appeared off Rhode Island. Then a hurricane struck. As the storm battered the French fleet, the American and French besiegers tried

7. **In the blistering heat of Monmouth, women—often wives or girlfriends of soldiers, and called "Molly Pitcher" in the heat of battle—carried water to cool both the men and the guns. When gunner William Hays was wounded, his wife, Mary Ludwick Hays, put down her bucket and took his place at the gun. She had been with her husband and the army through Valley Forge; he would receive a land grant, and she would later receive a pension for her service and a place in American history as "Molly Pitcher."**

to hold their tents and supplies in the storm. D'Estaing's battered fleet finally returned, but not to continue the siege—they took the drenched French soldiers aboard to dry out in Boston, where the fleet sailed for repairs.

So ended the first joint effort of the Americans and the French, and General Sullivan was furious. He blasted d'Estaing for not supporting the assault on Newport. A mob in Boston attacked French bakers, killing the Chevalier de Saint-Saveur, twenty-eight-year old diplomat and chamberlain to Louis XVI's brother. The alliance was crumbling.

Washington had Sullivan tone down his language, and Massachusetts pledged to build a monument for Saint-Saveur. But the British and French fleets both sailed for the West Indies. Washington, still without a naval force, kept the British garrisons pinned down in New York and Newport.

Spain declared war on England in April 1779, not to help Americans but to retake Gibraltar and weaken Britain in the West Indies and North America. French and Spanish warships patrolled the English Channel and threatened to invade England itself. North's government had "created a war with America, another with France, a third with Spain, and now a fourth with Holland," a London journalist wrote. "The candle they have lighted in America may, and probably will, make a dreadful fire in Europe."

The fire in Europe came from the sea. Washington had no sea power to transport troops or support military actions; but Americans did not shy from the sea. Privateering proved more lucrative to ship owners, crews, and captains than blockading, transporting, or bombarding. Between 1775 and 1778 American privateers took about a thousand British merchant ships. Annual captures doubled when Spain and France entered the war, opening their ports to American prizes.

John Paul Jones raided English and Scottish coastal towns on the sloop *Ranger* in 1778 and even captured a British warship in Britain's home waters. A former British merchant captain, Jones was the first captain to raise the American flag on a warship, on the *Providence* in August 1776. Now France outfitted Jones with a privateer, naming it *Bonhomme Richard* (Poor Richard) in Franklin's honor. He attacked a British merchant convoy in the North Sea late in the summer of 1779; the British warship *Serapis* engaged *Bonhomme Richard*, setting it on fire. When Captain Pearson saw *Bonhomme Richard*'s officers lowering their sinking vessel's flag, he asked if they surrendered. Jones replied, "I have not yet begun to fight!"

Jones forced Pearson to surrender, crowded his own survivors onto the *Serapis*, and sailed to Holland. "Humanity cannot but recoil from the prospect of such finished horror," he lamented to Franklin "that war should produce such fatal consequences." A famous American victory, it was Jones's last under the American flag.

American attacks so close to England's coast and French, Dutch, and Spanish threats demoralized the British public, who now questioned the war effort. A Parliamentary investigation turned into an argument among politicians—the lord of admiralty, the Earl of Sandwich, and Secretary of State Germaine—and military leaders, such as the Howe brothers. Each side blamed the other for mismanagement and incompetence.

Clinton held New York and Newport; Washington's army remained in the Hudson and New Jersey. The focus of fighting shifted west and south. Americans based at Fort Pitt and the British in Detroit both tried to enlist Native American warriors in the interior. The Iroquois had divided. Seneca, siding with the British, attacked Oneida, siding with the Americans, and the Oneida destroyed Mohawk towns and corn fields. Neutral Onondaga diplomats traveled to confer with the British in Quebec. Washington learned of this and determined to "carry the war into the Heart of the Country," sending General John Sullivan to destroy the Onondaga's ability to wage war, or even survive. Sullivan burned forty Onondaga towns and 160,000 bushels of corn in the fall of 1779, and even cut down their fruit trees. The Onondaga fled to British protection. Fearing retaliation, the Oneida fled to American protection. The Iroquois alliance, founded before Europeans set foot on North America, was broken.

Simultaneous with Sullivan's campaign, Virginians attacked Shawnee towns in Ohio. George Rogers Clarke with two hundred men captured the British outpost at Vincennes. These actions devastated the Native populations and left the British holding only Detroit in the territory north of the Ohio. In the winter of 1781–82, Wyandot and Shawnee warriors attacked frontier settlements along the Ohio River. Rumors spread that the Christian Delaware, overseen by Moravian missionaries in Pennsylvania, sheltered the attackers. Pennsylvania's militia in retaliation marched into Ohio and seized and massacred more than one hundred unarmed Delaware, including women and children. Long after the British and Americans made peace, this frontier war continued. The expeditions against the Iroquois, Miami, Shawnee, and Cherokees alerted American soldiers to these territories' agricultural richness. After the war, western New York State, Ohio, and Kentucky drew white Americans across the mountains; cash-starved states paid soldiers with grants of land grants wrested from the Indians. Conflict over this land continued into the nineteenth century.

From his base in New York, Clinton turned his attention southward. He believed in the loyalty of the Carolinas and Georgia. In December 1778 British forces made their way up the Savannah River on flat boats, encountering only token resistance (barely thirty men manned the strong post on the bluffs downriver from Savannah). The rebels tried to flee as the British took Savannah, capturing forty rebel officers and five hundred men. Most civilians fled, but most quickly returned to pledge their loyalty, regarding as one loyalist officer reported, "Money and Property as Greater Goods than Rebellion and Poverty." From their base at Savannah, the British restored Georgia's royal government and threatened Charleston.

General Benjamin Lincoln, joined by French forces from the Caribbean, tried to retake Savannah in the fall of 1780. But in the disastrous attack eight hundred of his five thousand French and

American troops were killed, wounded, or captured. He retreated to Charleston, the French to the Caribbean. On the day after Christmas General Clinton with eight thousand men sailed for Charleston, and in April began his siege. On May 12 Lincoln surrendered his army and the town. With South Carolina and Georgia in British control, Clinton returned to New York, leaving Cornwallis with eight thousand men to continue pacifying the Carolinas.

Clinton's strategy was based on the assumption that most whites in the Carolinas and Georgia were loyal. He required Carolinians to swear allegiance to the Crown, which was problematic. Captured rebels had been released on parole, with the option of simply sitting out the war. Now Clinton forced them to take sides. Some swore loyalty to the king, and the newly restored royal government rewarded them. Carolinians who had always been loyal and had suffered at the hands of the rebels, now felt betrayed as the defeated rebels regained power and fortune.

Guerrilla warfare erupted in South Carolina, loosely following the patriot and Loyalist divisions but also arising out of longstanding local and personal grievances. Loyalist militias attacked the homes of paroled patriots and noncombatants, reawakening rebellion in South Carolina's backcountry. Cornwallis established a ring of forts from Augusta, Georgia, to Georgetown on the Carolina coast. British officers Banastre Tarleton and Patrick Ferguson raised legions of Loyalists to subdue their rebellious neighbors.

Three notable South Carolina officers broke their paroles to become guerrilla fighters. By 1779 Thomas Sumter, a former Continental army officer, was paroled and living quietly on his plantation at Waxhaws. When Tarleton's Loyalist legion burned his house, Sumter organized neighbors into a guerrilla band that attacked British and Loyalist forces on the Carolina frontier. Andrew Pickens, a Presbyterian elder and Seven Years' War veteran, took the loyalty oath after Charleston fell. But when a band of Loyalists raided his farm, Pickens came back into the field. Lieutenant Colonel Francis Marion evaded capture when Charleston fell; he organized a unit of guerrillas, described by another American officer as "distinguished by small leather caps, and the wretchedness of their attire. Their numbers did not exceed twenty men and boys, some white, some black, and all mounted, but most of them miserably equipped. Their appearance was, in fact, so burlesque that it was with much difficulty that the diversion of the regular soldiers was restrained by the officers."

Marion might have seemed a burlesque diversion to the Americans,, but Cornwallis wrote that "Colonel Marion has so wrought on the minds of the people, partly by the terror of his threats and cruelty of his punishments, and partly by the promise of plunder, that there was scarcely an inhabitant between the Santee and the Pedee that was not in arms against us." Cornwallis attributed Marion's success to his terrorist tactics and the promise of plunder; Marion's men saw themselves as a guerrilla unit liberating South Carolina from British occupation. In either case, Marion, Pickens, and Sumter were more effective than the American regulars.

Over Washington's objections, Congress sent Horatio Gates to command what remained of the Continental Army in the South. Gates organized his four thousand regulars and militia to surprise Cornwallis's base at Camden, South Carolina. With better intelligence, Cornwallis was ready and easily routed Gates's far larger force. By the time Gates reached Hillsborough, 160 miles from the battle scene, he had fewer than seven hundred men in his army. Cornwallis moved into North Carolina, while South Carolina degenerated into bitter civil war between irregular bands of patriots and Loyalists.

This was bad news, but at the same time Washington's forces in the summer of 1780 received a decisive boost. After the disastrous first attempt at co-operation between the Americans and French,

8. Mason Locke Weems, who created the story of George Washington cutting down a cherry tree, in his *The Life of General Francis Marion* (1809) has Marion offer a British officer a dinner of sweet potatoes. The officer sees that his side cannot win: "I have seen an American general and his officers, without pay, and almost without clothes, living on roots and drinking water; and all for LIBERTY! What chance have we against such men!" South Carolina artist John Blake White painted the scene in 1810; in 1840 it became a popular print, and during the Civil War it appeared on South Carolina currency.

Lafayette had returned to France and persuaded Louis XVI to send a general and an army, not to cooperate with the Americans but to serve under Washington's orders. Jean Baptiste Donatien de Vimeur, Comte de Rochambeau, with more than five thousand men arrived in Newport (the British had withdrawn in 1779). Washington and Rochambeau met at Weathersfield, Connecticut, in September 1780 and made plans for joint operations against New York.

On his return from Weathersfield, Washington stopped at West Point, now under the command of Benedict Arnold. But on his

9. The arrival of French forces, under General Rochambeau, changed the nature of the war.

arrival he discovered that Arnold had made plans to deliver the outpost to the British. Arnold, his plot foiled, was on his way to New York. Though Arnold's treason was shocking, its timely discovery before the plot could be hatched, General Nathanael Greene wrote to his wife, "appears to have been providential, and convinces me that the liberties of America are the object of divine protection."

Signs of divine protection were not always easy to discern. The British held New York, Charleston, and Savannah, and the American army had collapsed in South Carolina. But Cornwallis had been forced to retreat from his planned invasion of North Carolina and Virginia by the rout of Loyalist forces at King's Mountain, South Carolina. Major Patrick Ferguson, leading the Loyalist militia of South Carolina, was surrounded on King's Mountain by Patriot militia from the Carolinas and over the mountains in Tennessee and Kentucky. More than eight hundred Loyalists, out of a force of a thousand, were killed or captured.

Greene arrived at the end of 1780 to take command of what remained of the southern American army. Like Washington, Greene understood that he and his men would lose a full-fledged battle with Cornwallis. But they could exhaust the British army, forcing it to follow after them. Between April 1780 and April 1782, one unit in Greene's army marched more than 5000 miles, in constant motion across the Carolinas "We fight, get beat, rise, and fight again," Greene wrote, as his men fought on, wearing down their adversaries and British public opinion.

In January 1781 Daniel Morgan's men beat Tarleton's regiment at Cowpens in South Carolina. Morgan, who as wagon driver had seen Braddock's disastrous defeat in 1755, had learned something of tactics and strategy since. He knew that his militia troops were less reliable than the regulars; because of this, commanders typically placed their more seasoned regulars at the center of the battle, leaving the militia to the rear or flanks. Morgan had his militia at the center, telling them he needed each man to fire two rounds; the veteran regulars were on the flanks and rear. When the militia fired their rounds and retreated, Tarleton's men thought the entire American line was breaking and rushed after it, only to be surrounded by the veteran regulars. Morgan captured more than nine hundred British and Loyalist troops, including the legendary and seemingly unbeatable Tarleton.

Cornwallis believed a strike at Virginia could end the war by eliminating the patriot militia's source of supplies. Against Clinton's wishes, and even without his knowledge, Cornwallis moved toward Virginia. Arnold raided Virginia at the end of 1780, attacking Richmond and driving the state government to Charlottesville. His party nearly captured Governor Jefferson. Washington sent Lafayette to protect Virginia.

At Guilford Courthouse, Greene challenged Cornwallis's army as it moved through North Carolina. "I never saw such fighting since God made me," Cornwallis wrote. "The Americans fought like demons." Cornwallis won the battle but lost a quarter of his army. He was now far inland from his supply lines, and the "idea of our friends rising in numbers, and to any purpose, totally failed." The victory left him no choice but to retreat back to Wilmington, near the coast, abandoning the conquered territory "I assure you," he wrote Clinton, "that I am quite tired of marching about the country in quest of adventures."

In May he turned north again to join Arnold in Virginia. Weary, Cornwallis established a Chesapeake base at Yorktown. Greene now penned up the British in Charleston and with the aid of South Carolina's partisans took their backcountry posts one by one.

With the North American war a stalemate, both the British and French were focusing on the West Indies. The French had taken Tobago, Saint Vincent, Dominica, and Saint Christopher from the

British, who had taken Montserrat and Nevis from the French. From New Orleans the Spanish had taken Pensacola and Mobile, British posts garrisoned with regulars, Pennsylvania Loyalists, Indians, and Germans.

Washington and Rochambeau knew that Admiral François-Joseph Paul, Comte de Grasse, would sail in March from France for Haiti, and would cooperate with them only on his way to or from the Caribbean. Washington and Rochambeau wanted de Grasse to attack New York, mainly to prevent Clinton from reinforcing Cornwallis.

In midsummer deGrasse, with twenty-eight ships and three thousand French and Haitian soldiers, sailed from the Caribbean for the Chesapeake. Washington called for more New England militia and ordered Rochambeau's army—except for "ten of Soissonais who had gone back to their sweethearts at Newport"—from Rhode Island to White Plains. Washington prepared another ruse—giving the appearance of preparing to besiege New York, fortifying the Palisades and building bakery ovens in New Jersey—while sending his men to Virginia. Meanwhile, when the French left Rhode Island, Clinton had his men retake Newport.

By this time de Grasse had disembarked three thousand men and artillery pieces around Yorktown and ferried Washington's men down the Chesapeake. The British fleet sent to reinforce Cornwallis engaged with de Grasse's fleet and sustained heavy losses before turning back to New York. Washington and Rochambeau dined aboard de Grasses' ship before the French admiral returned to the West Indies, having prevented Clinton from reinforcing Cornwallis.

Cornwallis saw now that he held "a defensive post which cannot have the smallest influence on the war in Carolina, and which only gives us some acres of unhealthy swamp, and is forever liable to become a prey to a foreign enemy with a temporary superiority at sea." Washington and Rochambeau's sixteen thousand men far outnumbered Cornwallis's seven thousand and kept them under heavy artillery bombardment. Cornwallis tried an escape across the York River, but by mid-October realized reinforcements would not come. Like Burgoyne at Saratoga, he had no choice but surrender.

Too ill to attend the surrender ceremony, Cornwallis sent General Charles O'Hara. On horseback, General O'Hara approached the allied officers with great dignity. He first offered his sword to Rochambeau. There were more French than Americans on the field, and it was less humiliating to surrender to a Frenchman than to an American. Rochambeau directed him to Washington. "The American General must receive the orders." O'Hara approached Washington.

For six years Washington had been irked by British refusal to recognize his rank. Letters that British officers addressed to "Mr. Washington" or "Colonel Washington" he returned unopened. He was conscious of his own rank but more conscious of his country's. British officers did not recognize the rank awarded him by Congress. He would refuse to acknowledge them so long as they refused to acknowledge the sovereignty of the United States. Now seeing that O'Hara was not Cornwallis, but his second, Washington directed O'Hara to his own second, Benjamin Lincoln.

O'Hara presented Lincoln his sword; Lincoln returned it. As British soldiers marched through the lines of French and American troops to lay down their own weapons, they turned their faces toward the French, ignoring the Americans. Lafayette, in command of American troops, had his band strike up "Yankee Doodle." Angered at this further insult to their wounded pride, some British soldiers smashed their weapons as they lay them down.

London did not blame Cornwallis. Blame fell on Lord North and the British ministry, which had won re-election in 1780. News of the surrender came with news that de Grasse had won another victory at St. Kitts, and Spain had captured Minorca. In Parliament, opposition-leader Henry Conway, who had introduced the Stamp Act (which, incidentally, Cornwallis as a member of Parliament had voted against), now moved to end the American war. Over the king's opposition the motion passed. North submitted his resignation; he had done so every year, and the King had refused it. This time he did not.

British emissaries now met in France with Franklin, John Adams, and Henry Laurens (captured at sea by the British, he had been exchanged for Cornwallis) to work out a peace treaty. British forces still held New York and Charleston. Clinton suspended military operations; Washington would not disband his army while the British army remained in America.

Washington's greatest feat was keeping the army together. Over the course of the war, 230,000 men served in the Continental Army; another 145,000 served in state militias. Many men served multiple enlistments; perhaps 250,000 men in total bore arms on the American side. It is impossible to know exactly how many served; it is as difficult to determine why they did so. Anecdotes and pension records reveal only part of the story.

Peter Oliver, one of the Revolution's first historians, wrote from a unique vantage point: the former Massachusetts chief justice of Massachusetts was sent into exile when the British evacuated Boston in 1776. On the ship he interviewed an American lieutenant, William Scott of Peterborough, New Hampshire, captured at Bunker Hill. Why was Scott fighting? Scott told Oliver he saw his neighbors getting commissions, and joined in order to better his own life: "As to the Dispute between great Britain & the Colonies, I know nothing of it; neither am I capable of judging whether it is right or wrong."

Scott's self-interested motives, Oliver thought, were typical for the rebels. But Scott escaped from Halifax and later in 1776 was part of

Washington's defenses of New York. When Fort Washington fell he escaped by swimming across the Hudson; back in New Hampshire he raised his own company, including two of his sons. The elder died of camp fever after six years in the army. Over the course of the war Scott lost his son, his wife, his farm, and his property.

What made men like Scott serve? In Scott's town, every adult male served at some point in the war. A third of the men, like Scott, stayed on for more than a year. Scott became an officer; most remained privates. Who were they? Studies of Peterborough and other towns reveal that this core of soldiers consisted of men with few other options. A signing bonus on enlistment, or a grant of land after the war, were inducements to join or stay in the service.

Soldiers' wives, mothers, or sisters often accompanied the army, serving as nurses, cooks, laundresses, and menders of uniforms. Just as we do not know how many men served, estimates vary on how many women accompanied the troops, from three percent of the camps being women, to twenty thousand women accompanying the army. Washington objected to having so many women with his army and tried to resist women's demands for rations, but he recognized the limits of his authority. His own wife, Martha, was with him during most of the war, so he could hardly object to the wives of enlisted men staying in camp. Washington objected to women riding in the wagons when the army moved, but he discovered he could not prevent it.

Ann Bates, a Philadelphia schoolteacher, married a British soldier—who repaired artillery--during Philadelphia's occupation. She joined her husband and the British army in New York and regularly visited the Continental Army's White Plains camp. Posing as a peddler of produce, she reported back on the men and munitions in the rebel camp. Another spy, known only to us as "355," had access to the highest echelons of the British command in New York. Her common-law husband, Robert Townsend, wrote society notes for a New York loyalist paper. She was apprehended after Arnold's capture, and died on a British prison ship in New York harbor.

Women at home made uniforms and blankets for the troops. The women of Philadelphia went door to door raising money in 1779, so persistently, one Loyalist woman wrote, that "people were obliged to give them something to get rid of them." They raised more than $300,000. Washington wanted to put their contribution in his general fund; the women wanted to give each soldier two dollars, hard money. Washington refused, fearing the men would buy drinks; the Philadelphia women instead gave each man a shirt.

Deborah Samson of Massachusetts is both representative of the soldier's experience and a complete aberration. Her father abandoned the family—Deborah's mother and seven children—when Deborah was six; bound out to a neighboring farm, Deborah grew tall and strong working in the fields and taught herself to read and write by reviewing her brothers' schoolwork. She taught school when she turned eighteen in 1778, but four years later she enlisted in a Massachusetts regiment under the name Robert Shurtliff. She received a sixty pound enlistment bonus, and was marched to West Point. A British saber cut her head in a skirmish near Tarrytown, and a musket ball hit her thigh. She did not tell the doctor treating her head wound about the musket ball in her leg. She cut it out herself. She became ill when her unit went to Philadelphia. The doctor treating her discovered her gender. She was honorably discharged; Massachusetts awarded her a pension.

Her story as Robert Shurtliff is representative of the soldier's experience in the war; as Deborah Samson, she was unique. While women supported the army, they did not serve; and those women who did as cooks, nurses, or in other roles, did not receive pensions. In 1832, after years of petitioning from widows of soldiers, Congress awarded pensions to enlisted men's widows, a first. But nearly fifty years after the war ended, few widows were left to collect.

Pensions were far in the future; Washington had the more immediate problem of keeping his men fed, clothed, and together. Three-year enlistments began to expire in 1780; men who had not been paid in months began deserting individually or mutinying collectively. One hundred Massachusetts men marched out of West Point in January 1780; some were brought back and punished, others pardoned. Connecticut troops marched out of Morristown in May. The following month thirty-one New Yorkers deserted Fort Stanwix; their commander, along with Oneida allies, pursued and shot thirteen of them.

Fifteen hundred Pennsylvania troops marched out of Morristown to Princeton in January 1781, occupying the college buildings to demand that Congress let them go home—they had served three years (though they had enlisted for three years or the war's duration); they also wanted their pay. They told their commander, General Anthony Wayne, that their grievance was not with him but with Congress. Congress sent Pennsylvania president Joseph Reed to negotiate. General Henry Clinton also sent emissaries to offer them British protection. They sent the British agents to Wayne as prisoners. Reed and Wayne agreed to release men whose terms were up.

Later that month New Jersey troops mutinied. Washington arrived to put the mutiny down by force; a firing squad of repentant mutineers shot the two ringleaders. Washington knew mutinies had to be suppressed, but he also knew mutinies were an inevitable consequence of "keeping an army without pay, cloathing, and (frequently without provision)."

Congress seemed unable to resolve the problem; debts mounted and continental currency became worthless. Washington would not disband his army until the British army had left; the officers and men would not leave until they had been paid. A delegation of officers demanded that Congress in January 1783 secure their promised pensions (half-pay for life, granted in October 1780 as an inducement to stay in service). Colonel Walter Stewart returned to headquarters at Newburgh, New York, with alarming news: Congress was considering disbanding the army without honoring the pensions. An aide to Horatio Gates drafted a call for the officers to force Congress to pay, or to take action against Congress. Was this a call for a military coup? Certainly the armed officers had more power than the ineffectual Congress.

Where did Washington stand? He ordered his officers to cancel their planned meeting and called another on March 15, 1783. Washington denounced threats to subvert civil authority, pledged his own efforts to secure his officers' pay, and concluded, "Let me entreat you, gentlemen, on your part, not to take any measures which, viewed in the calm light of reason, will lessen the dignity and sully the glory you have hitherto maintained; let me request you to rely on the plighted faith of your country, and place a full confidence in the purity of the intentions of Congress.

"You will, by the dignity of your conduct, afford occasion for posterity to say, when speaking of the glorious example you have exhibited to mankind, 'had this day been wanting, the world had never seen the last stage of perfection to which human nature is capable of attaining.'"

He did not think they were convinced. He pulled a letter from his pocket; Congressman Joseph Jones had written Washington to outline the steps Congress was taking to pay the officers. But now Washington could not read Jones's handwriting. Again he reached into his pocket, this time drawing out a pair of glasses. The officers were stunned. None had ever seen Washington wear glasses. He put on the glasses, looking at the assembled silent men. "Gentlemen," he said, "you must pardon me. I have grown gray in your service and now find myself growing blind."

He finished, replaced the letter and spectacles, and left. Henry Knox proposed a resolution in support of Washington, and the officers approved. Washington had prevented a military coup.

But the immediate problem was not solved. Hundreds of Pennsylvania soldiers marched on Philadelphia in June, surrounded the state house, and demanded that the men inside—Congress and the Pennsylvania Assembly—pay them in twenty minutes or face the consequences. Though Congress managed to appease the soldiers, they felt insulted, feared further attacks from the soldiers they could not pay, and resented the Pennsylvania government's unwillingness to protect them (Congress had wanted Pennsylvania to have its militia drive off the Continental soldiers). Congress left Philadelphia. Six years earlier Congress had fled Philadelphia to escape the British army; now it fled from its own. "The grand Sanhedrin of the Nation," John Armstrong wrote, "with all their solemnity and emptiness, have removed to Princeton and left a state where their wisdom has been long questioned, their virtue suspected, and their dignity a jest."

Washington knew a stronger union was essential to sustain independence and pay the debt. He also knew the solution had to be political, not military. He wrote to the state governors urging them to foster a stronger union. When he learned in October that the peace treaty was signed and that Clinton was preparing to evacuate New York, he disbanded his own army and prepared to enter the last remaining British outpost in what was now the independent United States.

He reached the Harlem River on November 20 and, with Governor George Clinton at his side, crossed over into Manhattan, seven years after being driven out by the British army. As the British prepared to sail from Staten Island, Washington and his men marched down Broadway. A New York woman contrasted the two armies:

> We had been accustomed for a long time to military display in all the finish and finery of garrison life; the troops just leaving us were as if equipped for show, and with their scarlet uniforms and burnished arms, made a brilliant display; the troops that marched

> in, on the contrary, were ill-clad and weather beaten, and made a forlorn appearance; but then they were *our* troops, and as I looked at them and thought upon all they had done and suffered for us, my heart and my eyes were full, and I admired and gloried in them the more, because they were weather beaten and forlorn.

Washington bid his officers farewell on December 4, then made his way to Annapolis, where Congress was in session. He returned his commission, retiring, as he said, from the great theater of action, and continued home to Mount Vernon.

In London, King George III that spring had asked artist Benjamin West what Washington would do now that he and his army had won the war. Would he not use this army to form a government? West thought Washington would now go back home to his farm. "If he does that," the king replied, "he will be the greatest man in the world."

Independence had been achieved. But could the new nation create a government that would sustain independence, preserve individual liberty, and repay its debts? The possibility of doing this seemed as remote in 1783 as the prospect of independence had in 1776.

Chapter 5
Was America different?

Thomas Paine had boldly told the Americans that they had it in their power to start the world anew. Would they? How would their new country be different from every other nation in the world?

Even before the revolution, visitors from Europe commented on the striking differences between the old world and the new, such as America's physical landscape, the population's high rate of literacy, and the institution of slavery. After the Revolution, these features continued to set America apart, but so did two other differences that developed in the years of Revolution: religious diversity and government institutions.

Every American state except Pennsylvania and Rhode Island had an established church, but religious practices differed in each. Tremendous immigration from Northern Ireland, Scotland, and Germany in the mid-eighteenth century brought dissenting Presbyterians, Moravians, Lutherans, and Baptists, but not their clergy. American believers created their own communities of worship and controlled them in ways they could not have in Europe, where every community had an established, tax-supported church, and where priests and bishops were often political appointees. In America, children of one faith met and married children of another. Religious diversity, which did not exist anywhere else, flourished in America.

American Baptists presented the biggest challenge to religious orthodoxy. Reverend Isaac Backus of Massachusetts appeared uninvited at the first Continental Congress in 1774, bringing copies of his *Appeal to the Public for Religious Liberty*. He complained that the Massachusetts assembly taxed his Baptist congregation to support the Congregational clergy—a violation of their "No taxation without representation" principle. Congress pushed the Massachusetts delegates—the Adamses, Hancock, and Robert Treat Paine—to meet with Backus, but the four-hour discussion accomplished little. Robert Treat Paine thought that "there was nothing of conscience in the matter; it was only a contending about paying a little money." This was just what Parliament said about the Stamp and Tea Acts. For the Baptists it was about more than a little money: they denied the state's power to interfere in matters of religious conscience.

Emboldened by Congress's support, Backus petitioned the Massachusetts Provincial Congress for relief. Some Congregationalists suspected the Baptists were in cahoots with Anglicans in support of British rule, and the Provincial Congress would have ignored Backus but for John Adams insisting that they needed to act or risk the support of non-Congregationalists in other states. The Provincial Congress did not exactly take action—it told the Baptists to petition their assembly when it met again.

Baptists in Virginia suffered more than unfair taxation: the established church could have them arrested for not attending Anglican services. The Baptists protested, and though Virginia's 1776 Constitution guaranteed freedom of conscience, state taxes continued to support the Episcopal clergy. The Baptists protested, threatening to withhold support from the Revolutionary cause. They found powerful allies in Thomas Jefferson and young James Madison, an Episcopalian who had studied under Presbyterian elder John Witherspoon at Princeton. When Jefferson revised Virginia's legal code in the 1770s, he proposed a statute for religious freedom, declaring that

> no man shall be compelled to frequent or support any religious worship, place, or ministry whatsoever, nor shall be enforced, restrained, molested, or burdened in his body or goods, nor shall otherwise suffer on account of his religious opinions or beliefs, but that all men shall be free to profess, and by argument to maintain their opinions in matters of religion, and that the same shall in no wise diminish, enlarge, or affect their civil capacities.

The legislature rejected the measure, but Madison continued to press it. Finally in 1785 he won the passage of this statute, freeing Baptists and others from an Episcopalian establishment and from having to pay taxes to support a church to which they did not belong. Jefferson wrote that this law guaranteed religious liberty to "the Jew and the Gentile, the Christian and the Mahometan, the Hindoo, and infidel of every denomination."

The fact that Virginia's government had continued to tax Baptists, Jews, Muslims, Hindus, and infidels to support the Episcopalians, despite a constitutional guarantee of religious toleration, made Madison wary of "parchment barriers" to defend minorities against majorities. It also showed him a solution to the dilemma of governing the newly independent United States. In each state a majority could form on local issues, with little to check its will. Virginia Episcopalians, or Massachusetts Congregationalists, could tax Baptists and other religious dissenters who would never form a local majority.

But, Madison realized, while one religious sect could wield power in a single state, the United States encompassed so many different religious sects that it would be impossible for one to dominate nationally. This very diversity of religious practices secured religious liberty across the United States. With so many different churches, there could be no single established church. Madison saw that religious diversity, or pluralism, would prevent a national religious establishment. He also saw this as a model for preventing other forms—economic or political—of majority tyranny. The nation as a whole encompassed so many people with different interests—cultural, political, and economic—that no single interest was likely to form a majority to tyrannize over minority interests.

It was apparent that the loosely constructed confederation of thirteen autonomous states was not working. The United States could not pay its debts—it defaulted on its loan from France in 1785; it could not protect its frontiers—the British kept their forts in the Ohio territory, arming the Native Americans to attack frontier settlements, while Spain refused to allow Americans to use the Mississippi River; and it could not protect its merchants—Algiers in 1785 captured two American ships and held the sailors hostage.

But how to reform the system? James Madison realized the confederation had to give way to a government resting directly on the people. He prepared a memorandum listing the confederation's problems. All centered on one point: the states had too much power. Their governments could change laws capriciously, making laws complicated and confusing. Any one state could block reform in Congress, making it unable to pay debts or enforce treaties. But because the states' legislatures, not the people, elected Congress, it could not tax citizens or use military force against them.

In the summer of 1787, the states (all but Rhode Island, which saw no reason to change the system) sent delegates to a convention in Philadelphia. Madison and the Virginia delegates took the lead, arriving at the convention first. Along with Madison, Virginia sent Washington; Governor Edmund Randolph; George Mason, author of the state constitution; and George Wythe, the leading law teacher in the United States (he had trained Jefferson and John Marshall). From Pennsylvania came James Wilson, a Scotland-trained lawyer, and two unrelated Morrises: Robert, minister of finance, and Gouverneur, the younger son of a New

York aristocrat. Former governor John Rutledge; General Charles Cotesworth Pinckney, wartime aide to Washington; and Charles Pinckney, an opinionated young lawyer, came from South Carolina. Other delegates included John Dickinson, author of the series of essays known as *Letters from a Farmer in Pennsylvania* and drafter of the Articles of Confederation; the chief justices of New York and New Jersey; the president of Columbia College; Maryland lawyer Luther Martin; and Elbridge Gerry and Rufus King from Massachusetts.

Jefferson called it an assembly of "demigods," but he was not there, nor were other important Americans. Patrick Henry stayed away, as did Governor George Clinton of New York; Governor John Hancock and Samuel Adams of Massachusetts, Minister of Foreign Affairs John Jay, and Jefferson's fellow diplomat John Adams were absent. Nor were there any representatives from west of the Appalachians; all the delegates were men, all were white, and only three had what might be considered "common origins": Franklin, the son of a soap maker, now one of the wealthiest men in the country; Alexander Hamilton, born to an unwed mother in the West Indies; and former cobbler Roger Sherman.

Virginia's governor, Randolph, proposed a plan Madison had drafted to create a national government with a national legislature, executive, and judiciary. The two-house legislature, elected by the people, would be able to veto state laws and tax people in the states. Representation in both legislative houses would be based on population; Virginia wanted to end the system that gave Delaware or Rhode Island as much power as Virginia or Pennsylvania.

Leaders from the smaller states would not give their power to larger states, and knew the American people would not either. Dickinson pointedly told the nationalists they had pushed the matter too far—though the delegates might prefer a national government, the people would never ratify it. The small-state leaders drafted their own plan to strengthen the confederation by giving the existing Congress power to tax citizens, and by making the new Constitution "the supreme law of the land," binding all state officials—including judges—to follow federal, not state law. But the nationalists would not budge. They wanted population to count in both legislative houses.

With the convention threatening to dissolve, Sherman and William Samuel Johnson, both from Connecticut, proposed a compromise: one house of the legislature would represent states in proportion to their population, and in the other each state would have an equal vote. The nationalists opposed the compromise, but the Convention adopted it, saving the Constitution and opening the way to discuss other issues.

Gouverneur Morris proposed restricting the right to vote to freeholders—individuals who owned property. In response to the objection that this might lead to an aristocracy, Morris said that he "had long learned not to be the dupe of words" such as aristocracy. "Give the votes to people who have no property, and they will sell them to the rich who will be able to buy them." He warned that one day "this country will abound with mechanics & manufacturers who will receive their bread from their employers." Would these hirelings be "secure & faithful Guardians of liberty? Will they be the impregnable barrier against aristocracy?" Most people in 1787 were freeholders; they would not object. If they had "the wealth and value the right" to vote, urban merchants could buy property. "If not they don't deserve it."

John Dickinson agreed that restricting the vote to freeholders, "the best guardians of liberty," would guard against the "dangerous influence of those multitudes without property & without principle" who would one day abound. Men who owned their own land were independent; their employees were not. "The great mass of our Citizens is composed at this time of freeholders, and will be pleased with it."

Madison worried about "the probable reception" Morris's change "would meet with in the States" where non-freeholders could vote. Passing the Constitution would be difficult enough without creating unnecessary obstacles. On the other hand, freeholders were the safest guardians of liberty, and in the future the "great majority of the people will not only be without landed, but any other sort of, property." If the propertyless joined together neither liberty nor property would be safe; more likely they would simply "become the tools of opulence & ambition."

Oliver Ellsworth of Connecticut warned that "the right of suffrage was a tender point," and people would not support a constitution that took it away. Pierce Butler agreed. George Mason, author of Virginia's constitution, owner of much land and several hundred slaves, rose to defend the propertyless. Every "man having evidence of attachment to & permanent common interest with the Society ought to share in all its rights & privileges." Merchants and capitalists had an attachment, but Mason went further. "Ought the merchant, the monied man, the parent of a number of children whose fortunes are to be pursued in his own Country, to be viewed as suspicious characters, and unworthy to be trusted with the common right of their fellow Citizen"? Mason looked to the future and saw large propertyless families not as threats to liberty and property but instead as full of children who would pursue their fortunes in their own country.

Benjamin Franklin knew what Mason meant. His parents owned no property but raised thirteen children and seven grandchildren respectably. Usually quiet in legislative bodies, Franklin had only spoken a dozen times thus far, asking a question or making a comment to illuminate the discussion. Twice he had given long speeches, written out in advance and then delivered by another delegate as he sat, sagelike, listening to his own words. This time he did not need to write down his speech.

"It is of great consequence that we should not depress the virtue & public spirit of our common people," Franklin began. The son of a

Boston soap maker reminded the delegates that the common people had "displayed a great deal" of virtue and public spirit "during the war," and they had "contributed principally to the favorable issue of it." American sailors, on the lowest rung of the economic ladder, when captured at sea preferred captivity in horrible British prisons to service on British warships. How to account for "their patriotism," which contrasted with the British sailors who eagerly joined the American fleet? America and Britain treated the common people differently. Franklin had been a poor man in both countries, and knew the difference. He recalled a time when Parliament suppressed dangerous "tumultuous meetings" by restricting the vote to freeholders; the next year Parliament subjected "the people who had no votes to peculiar labors and hardships." The convention decided not to go down the path of England.

The method of choosing the executive proved only slightly less difficult. Should he be chosen by the Congress? By the state legislatures? By the people as a whole? Would citizens of Georgia know of possible candidates in Massachusetts, and vice versa? Could foreign nations influence the election through bribery? Morris created an elaborate system for choosing a president, taking into account the country's size and regional differences. Each state would choose electors—who did not hold any other office—having the same number as its representatives in Congress, including senators. These electors would gather on the same day in every state capital and vote for two people—only one of whom could be from their own state. They would send their sealed ballots to Congress, which would count them. Morris and the delegates assumed that no one would receive a majority, but that some candidates would have support in different regions. The House of Representatives would choose from the top five candidates, with each state having one vote.The candidate receiving the most votes would be president. The runner-up would become vice president, taking office in case of the president's incapacity, but his main role would be to preside over the Senate.

This elaborate system assumed the electors would be a nominating board; this gave the states an important role in choosing the candidates, and the House of Representatives, elected by the people, would make the final choice. Only once, in 1824, did the system work as the framers imagined it would. That year four candidates split the electoral vote, and Congress elected John Quincy Adams. Before then, in the 1790s, national political parties developed that arranged the electors' votes in advance.

The convention voted to give Congress the power to regulate interstate and international commerce. But should Congress have the power to tax imports? This power in Parliament's hands had caused the Revolution. George Mason recognized that Virginia depended on international markets for its tobacco. He would not want Europeans to close their tobacco markets in retaliation for American tariffs on European goods. He proposed requiring a two-thirds vote of Congress to impose tariffs. The manufacturing states—Pennsylvania and New England—would support higher protective tariffs and would probably come to have majorities in Congress, but the two-thirds vote would protect the agricultural states.

Mason also joined Luther Martin of Maryland in calling for an end to the slave trade. A campaign against the horrors of the slave trade had arisen in England, and it is not surprising that Americans took up the cause, though it may be surprising that slave-owners Mason and Martin were making the case. "Every master of slaves is born a petty tyrant," Mason warned, and slavery would "bring the judgment of heaven on a Country." Slavery itself weakened a society and depressed the value of free labor. Looking westward, he noted that the settlers in the new territories across the mountains were "already calling out for slaves for their new lands."

Connecticut's Oliver Ellsworth "had never owned a slave" and so "could not judge the effects of slavery on character," but he advised against raising so divisive an issue. If slavery were as evil as Mason said, then Ellsworth thought they should "go farther and free those already in the Country," but if they would not do that, restricting the slave trade would be unfair to South Carolina and Georgia, which still needed slaves to work in their massive agricultural industry. South Carolina's Pinckneys, and Baldwin of Georgia, warned that their states would reject the Constitution if it barred importing slaves. The Virginians and Marylanders were not humanitarians, but hypocrites. Their exhausted tobacco fields could no longer employ all the slaves they owned; they wanted to sell their surplus slaves to Georgia and South Carolina. By barring imports from Africa, they were not advancing the cause of humanity but only the value of their surplus slave population.

The convention sent both issues—tariff and slave trade—to a committee. New Englanders, neutral on the slave trade but against the two-thirds vote on tariffs, made a bargain with Georgians and South Carolinians, who wanted the two-thirds tariff vote and to continue the slave trade. Georgia and South Carolina would support a simple majority vote on tariffs, and in return New England would allow them to continue importing slaves for twenty years.

Outraged at this bargain, George Mason said he would sooner cut off his right hand than use it to sign the Constitution. Still, in an effort to save the Constitution, Mason and Elbridge Gerry proposed a bill of rights. Mason said most state constitutions began with bills of rights, listing rights the government could not violate. The people would expect this constitution to have one. When the other delegates pleaded weariness and rejected the call to draft a bill of rights, Mason and Gerry refused to sign the Constitution. Gerry warned of a civil war brewing in Massachusetts between proponents of democracy, which he called "the worst of all political evils," and their equally violent adversaries, and he feared this constitution would further agitate the political waters. Mason, according to Madison, "left Philadelphia in a very ill humor indeed."

Nine states would have to ratify the Constitution for it to take effect. Quickly supporters mobilized. Philadelphia writer Pelatiah Webster endorsed the Constitution as a "federal," rather than "national" system. Supporters of the Constitution thus became Federalists.

In Philadelphia James Wilson addressed the lack of a bill of rights, arguing that one would be dangerous and unnecessary. The new government had limited powers, and any powers not specifically granted were reserved to the people or to the states. Wilson argued that if the Constitution included a bill of rights, it would imply the federal government had powers in these areas—press, religion, speech, rights of the accused—when in fact only the states did, and the state bills of rights would continue to protect citizens in the states. Where in this Constitution did the federal government have power over the press, religion, or speech? Where did it say anything about jury trials, or about the rights of the accused, or the right to keep and bear arms?

Opponents emerged just as quickly, objecting that the new government had too much power, that it would overwhelm the state governments, and that the Constitution lacked a bill of rights. "I confess, as I enter the building I stumble at the threshold," Samuel Adams wrote to Richard Henry Lee. "I meet with a national government, instead of a confederation of states." The very preamble—"We, the People of the United States" asserted that this government rested on the people of the nation, obliterating state boundaries. Article VI, Section 2, says that the Constitution and the laws Congress made are the "supreme Law of the Land," and state judges were bound to follow federal precedent, "any Thing in the Constitution or Laws of any State to the Contrary notwithstanding." Did this not make state bills of rights irrelevant?

As for Wilson's argument that the federal government had no power over things bills of rights protected, opponents pointed to Article I, Section 9, which says that the right of habeas corpus cannot be suspended. If this right—against being held without being formally charged—could not be suspended, did that mean other rights could? Did the federal government have other power over judicial proceedings? And while Article I, Section 8 specifically listed Congress's powers, it began and ended with two ominous clauses: Congress would have the power to "pay the Debts and provide for the common Defence and... general Welfare of the United States," and Congress would have power to "make all laws which shall be necessary and proper for carrying into Execution the foregoing Powers." Patrick Henry called this the "sweeping clause," which would sweep away all state powers.

Delaware and New Jersey quickly and unanimously ratified the Constitution. Georgia also supported the Constitution, needing the new government's help in its war against the Creeks. Pennsylvania's ratifying convention met in December, and though the opposition had mobilized, protesting the lack of a bill of rights and the new government's powers, they were outvoted. In the first month of 1788, conventions met in Connecticut, New Hampshire, and Massachusetts. The first two states were expected to ratify easily. Connecticut did, but New Hampshire's Federalists adjourned their convention when they realized that their opponents outnumbered them.

Massachusetts would be difficult. Samuel Adams opposed the Constitution; John Hancock was keeping quiet; and the convention included about eighteen or twenty delegates who had been in arms at the beginning of the year opposing the powers of the state government. This convention was unlikely to support a more powerful federal government. The Massachusetts Federalists prepared a compromise. They would support amendments—a bill of rights—once the new government went into effect. But first Massachusetts should ratify the Constitution. Though Federalists elsewhere still insisted amendments were unnecessary, in Massachusetts the supporters saw them as the price of ratification. By a vote of 187 to 168 Massachusetts ratified, pledging to propose amendments once the new government formed.

Subsequently, South Carolina and Maryland ratified, each proposing amendments. Charles Cotesworth Pinckney had addressed the demand for a bill of rights in the South Carolina convention, pointing out that bills of rights generally began by declaring that "all men are born free and equal." "We should make such an assertion with a very ill grace," he said, "since most of our people are actually born slaves."

By now eight states had ratified. Rhode Island rejected the Constitution by a popular vote, and North Carolina's convention was also certain to reject it. New Hampshire, New York, and Virginia were all in doubt—though New York leaned against ratifying—when their conventions met in June. Madison faced off in Virginia against Patrick Henry, a formidable power in state government. Henry charged that the Constitution would sacrifice religious liberty; Madison reminded the delegates that the Virginia Constitution promised religious liberty, but until the state passed the statute for religious freedom, Baptists and other dissenters were taxed to support the Episcopal Church. He did not need to remind them that Virginia statute's prime mover; Henry had been its chief opponent. And while George Mason blasted the Constitution for allowing the slave trade to continue, Henry attacked it for threatening to abolish slavery.

Madison also agreed that amendments could be added after ratification. Virginia offered forty amendments to be added later, and by a vote of eighty-nine to seventy-nine, Virginia ratified. By this time New Hampshire had become the ninth state to ratify. When the New York convention learned that the Constitution would take effect, it ratified as well.

The new government elected under the Constitution met in New York in the spring of 1789. Most states sent supporters of the Constitution to the Senate. In House elections there were a few surprises. Fisher Ames defeated Samuel Adams in Boston; in Virginia, Madison defeated James Monroe, the ratification opponent. The electors unanimously chose Washington to be the first president of the United States. John Adams, with thirty-four votes, was elected vice president. After creating a Department of State, a Treasury, a Department of War, the office of attorney general, a five-member Supreme Court, and district courts in each state, Congress turned its attention to drafting a bill of rights. Madison now saw amendments as the price of ratification. He took the proposals submitted by the states, as well as the state declarations of rights, and from this multitude of proposals drafted twelve articles of amendment for submission to the states.

Washington appointed able men to the new positions in the federal government. John Jay, the minister for foreign affairs, became chief justice, but also acted as secretary of state until Thomas Jefferson accepted the position. Alexander Hamilton became secretary of the treasury. Henry Knox, minister of war, became secretary of war, and Virginia governor Edmund Randolph became attorney general. Washington anticipated harmony, but political divisions soon emerged, over both domestic policy and international affairs.

The clearest division emerged in reaction to the revolution in France. The French people in 1789 overthrew the monarchy, which could not cope with the great divide between rich and poor or find an equitable way to pay France's tremendous debt. Americans welcomed the spread of the cause of liberty—Jefferson, the American minister to France, watched with approval as the French assembly demanded more power; Lafayette called for a constitutional monarchy, and Thomas Paine, elected to the French assembly, wrote its manifesto, *A Vindication of the Rights of Man.* But the revolution devolved into anarchy, with more radical factions calling for the elimination of aristocracy, the church, and all vestiges of the old order.

Vice President John Adams warned that France was headed for trouble. No country could simply toss out its old government without risking chaos. A Philadelphia mob stormed the newspaper that printed Adams's musings, charging that Adams admired aristocracy and monarchy. Across the country, citizens supporting France formed "Democratic Republican Societies," modeled on France's Jacobin clubs, celebrating the French Revolution as an aftereffect of the American Revolution and embracing the cause of liberty, equality, and fraternity.

As Americans divided over France, treasury secretary Hamilton proposed that the United States pay the states' Revolutionary War debts, impose an excise tax on whiskey to help pay this debt, and create a national bank to help the government borrow money. Madison opposed these policies, arguing first that Virginia and other states had already paid their debts and that their citizens should not have to pay the debts of others; that paying the debt in this way would not help the soldiers who had served but only those speculators who had bought up the debt; that an excise tax was politically unwise; and that a national bank violated the Constitution, since Congress did not have the power to charter corporations.

Hamilton argued that the war debt had been incurred for the nation's benefit. He believed that it was essential to secure the support of capitalists and speculators; that an excise tax on whiskey, though politically unpopular, was necessary and would bring revenues from the frontier; and that while the Constitution did not give Congress power to charter a bank, it did not forbid it to do so. This and other powers not specifically granted were implied by the "necessary and proper" clause.

Political parties developed along these fault lines. The Democratic-Republicans, led by Madison and Jefferson, generally opposed the Washington administration's policies, while the Federalists, led by Alexander Hamilton, supported them. Washington remained enough of a national icon to be above party politics, and the Federalists did not think of themselves as a party but as the government of the United States. Their strength was in New England and among the merchants of Philadelphia, the Virginia tidewater gentry, and the South Carolina rice planters. The Republicans, as the opposition came to be called, drew strength from the frontier, from urban artisans and smaller traders, from New York farmers and the supporters of Pennsylvania's radical constitution, and from the piedmont and backcountry of Virginia and the Carolinas. These political divisions played out against the backdrop of the French Revolution. The Republicans charged that Federalists were trying to impose monarchy or aristocracy, while the Federalists charged that Republican efforts to limit power were aimed at destabilizing all authority.

The whiskey tax spurred frontier protests reminiscent of the 1760s. Farmers in western Pennsylvania, Kentucky, and North Carolina, who turned their corn into whiskey so it could be more easily shipped and sold, raised liberty poles and argued that the excise tax unfairly burdened their cash-poor region with a tax they could not pay. Not content with tarring and feathering the tax collectors, some radicals threatened to burn Pittsburgh.

Frontier farmers argued that the government demanded their support but did nothing for them. The Washington administration had difficulty protecting citizens on the frontier, vulnerable to attacks by Indians supported by the British. General Arthur St. Clair had been sent in November 1791 to pacify the Miami Indians of Ohio; the Miamis and their allies overwhelmed St. Clair's forces, killing or wounding nine hundred of his fourteen hundred men. Meanwhile, Spanish control of the Mississippi blocked the farmers of Pennsylvania, Ohio, western Virginia, and Kentucky from access to the sea.

When western Pennsylvania protestors threatened to overwhelm the local government, President Washington in 1794 sent more than ten thousand troops to put down the Whiskey Rebellion. Frontiersmen pointed out that the government sent ten times as many soldiers to fight them as it had sent to protect them from the Miamis, and that the rebellion had died down by the time the federal army arrived. But that same summer, an army under Anthony Wayne fought the Miami at Fallen Timbers (now Maumee, Ohio). It was a victory, though not decisive, for the Americans; the Shawnee retreated to the British post at Fort Miami but were turned away. The following year the Shawnee and Miami agreed to move out of southern Ohio.

Washington demonstrated the ability of American authorities to secure the frontier from both Indians and frontiersmen. In his annual message to Congress in the wake of the turmoil, Washington congratulated the American people for living under a government that could keep them both safe and free. But he blamed "certain self-created societies"—the Democratic-Republicans—for stirring up political trouble on the frontier and hindering the government's ability to govern. As in the 1760s, two different ideas of government were emerging—Washington's, that the elected government should do its job without interference from the governed; and the opposition's, that the governed have a fundamental right—and a power—to govern their governors. The tension this time would not overthrow the system but would be resolved within it.

When John Adams became president in 1797, the nation's chief problem was with France, which had gone to war against England. The Washington administration declared the United States neutral but sent Chief Justice John Jay to negotiate a new commercial treaty with England. The French turned their warships against American merchant vessels.

Knowing Vice President Jefferson's popularity in France and his diplomatic skill, Adams proposed sending him to negotiate in

Paris. But Jefferson thought it improper for the vice president to negotiate a treaty, and the Federalists opposed sending him. Adams sent a delegation—Marshall, Pinckney, and Gerry—though French bureaucrats refused to talk unless the Americans bribed them. When news of their hostility reached Philadelphia, Congress established a navy to protect American commerce, authorized Adams to raise an army (Washington came out of retirement to command), and passed the Alien and Sedition acts.

The Sedition law made it a federal offense to write, publish, or utter anything that might bring the president or Congress into contempt, hatred, or ridicule. Fourteen newspaper editors and one Congressman were jailed for sedition. The law would expire in 1801, meaning the country would have two Congressional elections and one Presidential election while it was a federal offense to criticize Congressmen or the President. The Alien Friends Act allowed the deportation of aliens from countries friendly to the United States, if they were threats to American peace and safety. This primarily targeted Irish immigrants, many of whom were active Republicans. The Alien Enemies Act allowed the president to deport any alien, dangerous or not, from a country at war with the United States. The Naturalization Act made it more difficult for immigrants to become citizens.

Jefferson called this "the reign of the witches," and he and Madison secretly drafted resolutions that the Virginia and Kentucky legislatures adopted, calling the Alien and Sedition laws unconstitutional extensions of federal power. No other states joined in opposition. It seemed the Federalists would secure power using the apparatus of the elected government.

Two things prevented this. One was that a new French government sincerely wanted to negotiate with the Americans; another was that Republicans mobilized for the election of 1800. As Massachusetts Federalist Fisher Ames complained, the Republicans turned every husking bee, every barn raising, and every funeral into a political rally, which swept the Federalists from control of the House, the Senate, and the executive branch. This was a new phenomenon--a government in office being replaced by another through a popular election. The ousted government went home.

Thomas Jefferson referred to his election in 1800 as a "revolution," not in the sense of overthrowing a government, but in the sense of revolving and returning to earlier principles. In his first weeks in office, Jefferson wrote to colleagues who had secured the Revolution of 1776. To John Dickinson he wrote that his administration would "put our ship of state on her republican tack, so she would show by the grace of her movements the skill of her builders." He did not write to John Adams, who left Washington before Jefferson took the oath. But he wrote to Samuel Adams that his inaugural address was a letter to that "patriarch," and he wondered with every line "if this is the spirit" of Samuel Adams.

In his inaugural address Jefferson reflected on the "contest of opinion" through which the nation had just passed, saying the intensity of public discussions might alarm "strangers unused to saying what they think." But now that the matter was decided in accordance with the Constitution, all would peacefully go about their business. As for the political divisions of the 1790s, he noted that "every difference of opinion is not a difference of principle. We have called by different names brethren of the same principles. We are all republicans, we are all federalists."

Would Jefferson use the government's power to punish his political opponents, who had tried to silence the opposition? He would not. The Federalists had mistaken the nature of American power. The government's strength rested on an informed citizenry, not on a standing army or a sedition act. This government, which he called "the world's best hope," was the "only one where every man, at the call of the law, will fly to the standard of the law, and will meet violations of the public order as his own personal concern." This was a new idea—that the public order was the personal concern of every citizen.

Jefferson knew that some honest men feared human nature. "Sometimes it is said that man cannot be trusted with the government of himself." But then he asked, "Can he then be trusted with the government of others? Or have we found angels, in the form of kings, to govern him? Let history answer this question."

Jefferson briefly set out the principles that would shape his administration. The government should prevent men from injuring one another, but otherwise leave them free to regulate their own affairs. If any men wanted to dissolve the union, as the Federalists had accused the Republicans, or alter its republican nature, as the Republicans had charged the Federalists, "let them stand undisturbed as monuments to the freedom with which error of opinion may be tolerated where reason is left free to combat it." These principles, Jefferson said, had guided the nation through an age of revolution and reformation. Until the Civil War this notion of limited government, the touchstone of Jefferson's political faith and, as he said, the faith of the American Revolution, would remain the operating principle of the federal system.

James Monroe, the last Revolutionary War veteran to serve as president (he had crossed the Delaware with Washington in 1776), in 1824 invited Lafayette, the war's last surviving major general, to return to America as the nation's guest. Lafayette had lost his fortune and nearly his life during the French Revolution. He had been imprisoned in Austria; his wife had nearly gone to the guillotine. He had a cool relationship with Napoleon and with the restored French monarchy, refusing to serve under a non-elected government. The French government suppressed public demonstrations to bid him farewell. As he had in 1777, Lafayette slipped out of France, this time accompanied only by his son, his secretary, and his valet.

America had changed since Lafayette's first visit. So had Europe. Monarchies then dominated the world, and the British, French, Spanish, Portuguese, and Dutch claimed all the Americas. By 1824, the people of Haiti, Argentina, Venezuela, Mexico, Peru, and Brazil, as well as the United States, were independent. Their revolutions had shaken Europe itself.

There were fewer than three million Americans—white and black, not counting Native Americans—all living along the Atlantic coast, when Lafayette first arrived in 1777; now there were twelve million (not counting Indians), and their territory stretched to the Pacific. They were digging canals across their land and building steamboats to ship their goods across the Atlantic. The American navy patrolled the continent's coasts—Atlantic, Gulf, and Pacific—and President Monroe announced that the United States would not tolerate any European intrusion in the new world. At a Paris celebration of Washington's Birthday in 1824, Lafayette toasted Monroe's doctrine as another part of "the great contest between the rights of mankind and the pretensions of European despotism and aristocracy."

In Washington, Lafayette met an envoy sent by Simon Bolivar, the liberator of Colombia, Venezuela, Ecuador, Bolivia, and Panama, presenting him with a gold medal, a portrait of Washington, and the "personal congratulations of a veteran of the common cause." On Lafayette's birthday, September 6, President John Quincy Adams hosted a White House dinner. After Adams toasted February 22, the birthday of Washington, Lafayette toasted July 4, the "birthday of liberty in the two hemispheres."

Lafayette visited all twenty-four states, and it seemed all twelve million Americans turned out to meet him. He stayed with presidents and political leaders, with free black families and native Americans, with frontier farmers and city merchants. He remembered the names of veterans who had served with him, and laid the cornerstone for the Bunker Hill Monument and brought

10. Lafayette visited every state on his triumphal return in 1824–1825; in in June 1825 he laid the cornerstone of the Bunker Hill Monument; he returned to France with enough dirt from Bunker Hill so, on his own death in 1834, he could be buried in it.

dirt from the battlefield home so that when he died he could be buried in it.

Still unabashed in his enthusiasm for the cause of liberty, Lafayette saw its limits in America. He had urged Washington to take a stand against slavery even during the Revolution.

Washington's thoughts on slavery had changed during the war: on his arrival at Cambridge he had tried to bar black men from serving in the Continental Army. But he had rescinded this order at the end of 1775, and before the war ended he would vow never to buy or sell another human being (a vow he did not keep). By the war's end he also encouraged Henry Laurens, son of a South Carolina planter, in his attempt to enlist black troops from among the enslaved people of South Carolina, who would be given their freedom in return for fighting for the freedom of their owners.

It might have seemed in the 1780s that slavery was being limited. Black men and women in Massachusetts petitioned in the early 1770s for their liberty. When the new state constitution in 1780 stated that all men were free and equal, slaves in Massachusetts went to court. In the cases of Quock Walker, a slave in Worcester County, and Elizabeth Freeman, a slave in Berkshire County, juries found that under this constitution one person could not own another. In the first census in 1790, Massachusetts was the only state without slaves.

The Pennsylvania assembly passed a gradual emancipation law in 1780, freeing children born into slavery when they reached the age of twenty-eight. The leaders of Pennsylvania had practical as well as humanitarian reasons for opposing slavery. First, Philadelphia's enslaved people, hoping for a British victory that would bring emancipation, had aided the British occupation. Many went over to the British side, and they and others left with the Loyalists in 1778. Skilled whites moved in after the occupation, taking positions previously held by enslaved people. During and after the war, a move to emancipate slaves coincided with a decline in the black population of the northern states. But even in Virginia, Methodists petitioned for an end to slavery.

In addition to lobbying Washington, Lafayette had also urged Jefferson and Madison to make public their private views of slavery. Jefferson's *Notes on the State of Virginia* (1782) had called the slavery "the most unremitting despotism," permitting "one half the citizens to trample on the rights of the other," transforming the first into despots, the others into enemies. "Indeed I tremble for my country when I reflect that God is just: that his justice cannot sleep forever," and that "the Almighty has no attribute which can take side with us in such a contest."

But Jefferson would say no more. Virginia considered but rejected a gradual emancipation bill in the 1790s; it would not revive the subject again until 1831, after Nat Turner's insurrection in Southampton County. Virginians had supported the 1787 Northwest Ordinance, banning slavery in the territory north of the Ohio River, and President Jefferson urged Congress in 1807 to make good on its constitutional power to end the slave trade. But neither he nor Madison would publicly attack slavery, nor would either free his slaves, as their private secretary Edward Coles had done in 1819, settling the freed people on land he purchased in Illinois. As governor in the 1820s, Coles blocked an attempt to allow slavery into Illinois.

Jefferson and Madison, and even Lafayette, might have believed that by barring slavery north of the Ohio and prohibiting the international slave trade they had put slavery on the road to extinction. But by the 1820s the institution was spreading. Slavery had exhausted Virginia's soil, and the Carolina rice plantations had reached their own saturation point. Eli Whitney, a clever Yankee, in the 1790s visited the plantation a grateful Georgia had given Nathanael Greene. Learning of a state competition to develop a faster way to clean and card cotton, he entered and won with his "cotton engine," or "gin," which performed the tedious work of cleaning seeds from cotton boles and straightening the fibers. Cotton became the leading American export, grown by slave labor in a fertile belt stretching from Georgia westward, shipped either to England's manufacturing centers or to the newly built textile mills of New England. Henry Adams, great-grandson of John, wrote that after 1815 Americans thought more about the price of cotton and less about the rights of man. Cotton became the leading American export, and the United States the world's leading cotton producer by 1820, and in 1860 a South Carolina senator proclaimed that "Cotton is King."

Cotton's expansion increased the demand for slaves and the values of land in Georgia, Alabama, and Mississippi. The impediment to settlement here had been the Choctaws, Creeks, Chickasaws, and Cherokees. Living in large towns and practicing settled agriculture, these "Civilized Tribes" had made treaties with the United States, but the states of Georgia, Alabama, and Mississippi were determined to push them out and open their territory for sale and development as cotton plantations. In 1830 Congress passed the Indian Removal Act, calling for treaties to move all these nations—American allies or enemies—into what became Oklahoma.

This plan had been in place long before. Lafayette was called away from a formal ball held in his honor in Kaskaskia, Illinois, to meet with an Indian woman named Mary. She had come to Illinois in 1800, leaving her shattered Iroquois homeland and the steady white encroachment westward. Her father, the Iroquois warrior Panisciowa, had given her a small leather pouch which held "the most powerful Manitou" to be used with the encroaching whites; all who saw it had shown him marked affection. She brought this talisman to show Lafayette. She took from the pouch a fragile paper, a letter of recommendation he had written for Panisciowa in 1778, now preserved by his daughter as a sacred relic of her father's service in "the good American cause."

In Buffalo, a town which had come into being when Panisciowa and other Iroquois were pushed west, Lafayette entered the new Erie Canal, connecting the great interior to New York and the east coast. The sounds of saws and hammers constantly filled the air, as trees fell and buildings rose on their site. First an inn for travelers and newcomers, then printing shops to turn out newspapers, and homes, and schools in this world Americans were transforming.

In Buffalo, Lafayette met an old warrior, Red Jacket, who remembered meeting the French general forty years earlier, when the Americans and Indians made peace at Fort Stanwix. After a pleasant series of reminiscences, Lafayette asked Red Jacket what had become of the "Young Indian who had opposed the burying of the tomahawk with such eloquence?"

"He is standing in front of you," Red Jacket replied.

"Time has changed us much," Lafayette replied. "We were young and agile then." Now both were old men in a young country transforming itself, for good or ill, thanks to the war they had fought half a century earlier.

Lafayette's tour stirred American plans to celebrate the fiftieth anniversary of that struggle, on July 4, 1826. Three men survived who had signed the Declaration—Adams, Jefferson, and Charles Carroll of Carrollton, Maryland. All were too ill to attend. Jefferson and Adams, in fact, would both breathe their last on July 4, but all sent messages looking forward to the world their countrymen would continue to create anew.

Jefferson hoped July 4 would "be to the world... the signal of arousing men to burst the chains..., and to assume the blessings and security of self-government," which must be based on the "free right" of unbounded reason. "All eyes are opened, or opening, to the rights of man. The general spread of the light of science," Jefferson said, "has already laid open to every view the palpable truth, that the mass of mankind has not been born with saddles on their backs, nor a favored few booted and spurred, ready to ride them legitimately, by the grace of God. These are grounds of hope for others."

In Quincy, Massachusetts, citizens asked John Adams to attend their own celebrations on July 4. He declined. They asked if he would propose a toast to be given in his name. He would gladly do that.

"Independence forever!"

Would he add more?

"Not a word."

Further reading

Has the history of the Revolution been, as Adams predicted, one continuous lie? Historians have given it more depth and detail than the story Adams expected, that Franklin smote the earth and brought forth Washington. The Revolution spawned an interest in history at the very beginning—the Massachusetts Historical Society (http://www.masshist.org/) was formed in 1791to preserve documents and materials related to the Revolution; it now houses all the papers of John and Abigail Adams, as well as many papers of Thomas Jefferson, Benjamin Lincoln, and other figures, many of which have now been digitized and are available on the Internet; Isaiah Thomas, printer of the *Massachusetts Spy*, founded in 1812 the American Antiquarian Society in Worcester, which houses collections of newspapers, books, and manuscripts; the Historical Society of Pennsylvania began its collections in 1824; the Virginia Historical Society began in 1831, with John Marshall as its first president and James Madison its first honorary member.

The books listed below will help navigate the Revolution in all its intriguing complexity. Virtually every figure mentioned in this book has been the subject of scholarly research, and the papers of many—Adams, Washington, Franklin, Jefferson, Hamilton, Madison—have been published in annotated editions.

Comprehensive studies of the Revolution as a whole

Countryman, Edward. *The American Revolution*. New York: Hill and Wang, 1985.

Jensen, Merrill. *The Founding of a Nation: A History of the American Revolution, 1763–1776*. New York: Oxford University Press, 1968.
Middlekauff, Robert. *The Glorious Cause: The American Revolution, 1763–1789*. New York: Oxford University Press, 1982.
Nash, Gary B. *The Unknown American Revolution: The Unruly Birth of Democracy and the Struggle to Create America*. New York: Viking, 2005.
Trevelyan, George Otto. *The American Revolution*. 4 vols. New York: Longmans, Green, 1920–22.
Trevelyan, George Otto. *George III and Charles Fox: The Concluding Part of the American Revolution*. 2 vols. New York: Longmans, Green, 1912–15.
Wood, Gordon S. *American Revolution: A History*. New York: Modern Library, 2002.

Contemporary accounts

Gordon, William. *The History of the Rise, Progress, And Establishment, of the Independence of the United States of America: Including an Account of the Late War; and of the Thirteen Colonies, from their Origin to That Period*. London: 1788.
Marshall, John. *The Life of George Washington: Commander in Chief of the American Forces, During the War Which Established the Independence of His Country, and First President of the United States*. Philadelphia: Wayne, 1804–7.
Oliver, Peter. *Origin and Progress of the American Rebellion: A Tory View*. Edited by Douglass Adair and John A. Schutz. San Marino, CA: Huntington Library, 1961.
Ramsay, David. *History of the American Revolution*. Edited by Lester H. Cohen. Indianapolis, IN: Liberty Classics, 1990.
Warren, Mercy Otis. *History of the Rise, Progress, and Termination of the American Revolution: Interspersed with Biographical, Political, and Moral Observations*. Edited by Lester H. Cohen. Indianapolis, IN: Liberty Classics, 1988.

Essay collections

Bailyn, Bernard. *Faces of Revolution: Personalities and Themes in the Struggle for American Independence*. New York: Knopf, 1990.
Bailyn, Bernard. *To Begin the World Anew: The Genius and Ambiguities of the American Founders*. New York: Knopf, 2003.

Greene, Jack P. *Understanding the American Revolution: Issues and Actors*. Charlottesville: University of Virginia Press, 1995.
Maier, Pauline. *The Old Revolutionaries: Political Lives in the Age of Samuel Adams*. New York: Knopf, 1980.
Young, Alfred F., Gary B. Nash, and Ray Raphael, editors. *Revolutionary Founders: Rebels, Radicals, and Reformers in the Making of the Nation*. New York: Knopf, 2011.

Military history

Higginbotham, Don. *The War of American Independence: Military Attitudes, Policies, and Practice, 1763–1789*. Boston: Northeastern University Press, 1983.
Royster, Charles. *A Revolutionary People at War: The Continental Army and American Character, 1775–1783*. Chapel Hill: University of North Carolina Press, 1979.
Shy, John. *A People Numerous and Armed: Reflections on the Military Struggle for American Independence*. New York: Oxford University Press, 1976.

Studies on themes or events

Archer, Richard. *As If an Enemy's Country: The British Occupation of Boston and the Origins of Revolution*. New York: Oxford University Press, 2010.
Bailyn, Bernard. *The Ideological Origins of the American Revolution*. Cambridge, MA: Belknap Press of Harvard University Press, 1967.
Bailyn, Bernard. *The Ordeal of Thomas Hutchinson*. Cambridge, MA: Belknap Press of Harvard University Press, 1974.
Berkin, Carol. *Revolutionary Mothers: Women in the Struggle for America's Independence*. New York: Knopf, 2005.
Buel, Joy Day, and Richard Buel Jr. *The Way of Duty: A Woman and Her Family in Revolutionary America*. New York: Norton, 1984.
Calloway, Colin G. *The American Revolution in Indian Country: Crisis and Diversity in Native American Communities*. Cambridge: Cambridge University Press, 1995.
Egerton, Douglas R. *Death or Liberty: African Americans and Revolutionary America*. New York: Oxford University Press, 2009.
Ellis, Joseph J. *American Creation: Triumphs and Tragedies at the Founding of the Republic*. New York: Knopf, 2007.

Ellis, Joseph J. *Founding Brothers: The Revolutionary Generation*. New York: Knopf, 2000.

Fischer, David Hackett. *Paul Revere's Ride*. New York: Oxford University Press, 1994.

Fischer, David Hackett. *Washington's Crossing*. New York: Oxford University Press, 2004.

Fowler, William M., Jr. *Empires at War: The French and Indian War and the Struggle for North America, 1754–1763*. New York: Walker, 2005.

Fowler, William M., Jr. *Rebels Under Sail: The American Navy during the Revolution*. New York: Scribner, 1976.

Gaustad, Edwin S. *Faith of the Founders: Religion and the New Nation 1776–1826*. 2nd Ed. Waco, TX: Baylor University Press, 2004.

Glatthaar, Joseph, and James Kirby Martin. *Forgotten Allies: The Oneida Indians and the American Revolution*. New York: Hill and Wang, 2006.

Gould, Eliga H. *The Persistence of Empire: British Political Culture in the Age of the American Revolution*. Chapel Hill: University of North Carolina Press, 2000.

Gross, Robert A. *The Minutemen and Their World*. New York: Hill and Wang, 1976.

Higginbotham, Don. *Revolution in America: Considerations and Comparisons*. Charlottesville: University of Virginia Press, 2005.

Hoffman, Ronald, and Peter J. Albert, eds. *Arms and Independence: The Military Character of the American Revolution*. Charlottesville: University of Virginia Press, 1984.

Kerber, Linda K. *Women of the Republic: Intellect and Ideology in Revolutionary America*. Chapel Hill: University of North Carolina Press, 1980.

Kidd, Thomas S. *God of Liberty: A Religious History of the American Revolution*. New York: Basic Books, 2010.

MacLeod, Duncan J. *Slavery, Race, and the American Revolution*. London: Cambridge University Press, 1974.

Maier, Pauline. *American Scripture: Making the Declaration of Independence*. New York: Knopf, 1997.

Maier, Pauline. *From Resistance to Revolution: Colonial Radicals and the Development of American Opposition to Britain, 1765–1776*. New York: Knopf, 1972.

McDonnell, Michael A. *The Politics of War: Race, Class, and Conflict in Revolutionary Virginia*. Chapel Hill: University of North Carolina Press, 2007.

Morgan, Edmund S., and Helen M. Morgan. *The Stamp Act Crisis: Prologue to Revolution*. Chapel Hill: University of North Carolina Press, 1953.

Nash, Gary B. *The Forgotten Fifth: African Americans in the Age of Revolution*. Cambridge, MA: Harvard University Press, 2006.

Nash, Gary B. *Race and Revolution*. Madison, WI: Madison House, 1990.

Nash, Gary B. *The Urban Crucible: Social Change, Political Consciousness, and the Origins of the American Revolution*. Cambridge, MA: Harvard University Press, 1979.

Nevins, Allan. *The American States During and After the Revolution, 1775–1789*. New York: Macmillan, 1924.

Norton, Mary Beth. *The British-Americans: Loyalist Exiles in England, 1774–1789*. Boston: Little, Brown, 1972.

Norton, Mary Beth. *Liberty's Daughters: The Revolutionary Experience of American Women, 1750–1800*. Ithaca, NY: Cornell University Press, 1996.

Ragosta, John A. *Wellspring of Liberty: How Virginia's Religious Dissenters Helped Win the American Revolution and Secured Religious Liberty*. New York: Oxford University Press, 2010.

Slaughter, Thomas P. *The Whiskey Rebellion: Frontier Epilogue to the American Revolution*. New York: Oxford University Press, 1986.

Sosin, Jack M. *The Revolutionary Frontier, 1763–1783*. New York: Holt, Rinehart and Winston, 1967.

Wood, Gordon S. *The Creation of the American Republic, 1776–1787*. Chapel Hill: University of North Carolina Press, 1969.

Young, Alfred F. *Masquerade: The Life and Times of Deborah Sampson, Continental Soldier*. New York: Knopf, 2004.

Young, Alfred F. *The Shoemaker and the Tea Party: Memory and the American Revolution*. Boston: Beacon, 1999.

Biographies

Black, Jeremy. *George III: America's Last King*. New Haven, CT: Yale University Press, 2006.

Ellis, Joseph J. *His Excellency, George Washington*. New York: Knopf, 2004.

Ellis, Joseph J. *Passionate Sage: The Character and Legacy of John Adams*. New York: Norton, 1993.

Foner, Eric. *Tom Paine and Revolutionary America*. Rev. ed. New York: Oxford University Press, 2004.

Fowler, William M., Jr. *The Baron of Beacon Hill: A Biography of John Hancock*. Boston: Houghton Mifflin, 1979.

Fowler, William M., Jr. *Samuel Adams: Radical Puritan*. New York: Longman, 1997.

Freeman, Douglas Southall. *George Washington: A Biography*. 7 vols. New York: Scribner, 1948–57.

Greene, George Washington. *The Life of Nathanael Greene, Major-General in the Army of the Revolution*. 3 vols. New York: Hurd & Houghton, 1871.

Gruber, Ira D. *The Howe Brothers and the American Revolution*. New York: Atheneum, 1972.

Martin, James Kirby. *Benedict Arnold, Revolutionary Hero: An American Warrior Reconsidered*. New York: New York University Press, 1997.

Mayer, Henry. *A Son of Thunder: Patrick Henry and the American Republic*. New York: Watts, 1986.

McCoy, Drew R. *Last of the Fathers: James Madison and the Republican Legacy*. Cambridge: Cambridge University Press, 1989.

McCullough, David. *John Adams*. New York: Simon & Schuster, 2001.

Miller, Marla R. *Betsy Ross and the Making of America*. New York: Henry Holt, 2010.

Peterson, Merrill D. *Thomas Jefferson and the New Nation: A Biography*. New York: Oxford University Press, 1970.

Puls, Mark. *Henry Knox: Visionary General of the American Revolution*. New York: Palgrave Macmillan, 2008.

Van Doren, Carl. *Benjamin Franklin*. New York: Viking, 1938.

Willcox, William B. *Portrait of a General: Sir Henry Clinton in the War of Independence*. New York: Knopf, 1964.

“牛津通识读本”已出书目

古典哲学的趣味
人生的意义
文学理论入门
大众经济学
历史之源
设计，无处不在
生活中的心理学
政治的历史与边界
哲学的思与惑
资本主义
美国总统制
海德格尔
我们时代的伦理学
卡夫卡是谁
考古学的过去与未来
天文学简史
社会学的意识
康德
尼采
亚里士多德的世界
西方艺术新论
全球化面面观
简明逻辑学
法哲学：价值与事实
政治哲学与幸福根基
选择理论
后殖民主义与世界格局

福柯
缤纷的语言学
达达和超现实主义
佛学概论
维特根斯坦与哲学
科学哲学
印度哲学祛魅
克尔凯郭尔
科学革命
广告
数学
叔本华
笛卡尔
基督教神学
犹太人与犹太教
现代日本
罗兰·巴特
马基雅维里
全球经济史
进化
性存在
量子理论
牛顿新传
国际移民
哈贝马斯
医学伦理
黑格尔

地球
记忆
法律
中国文学
托克维尔
休谟
分子
法国大革命
民族主义
科幻作品
罗素
美国政党与选举
美国最高法院
纪录片
大萧条与罗斯福新政
领导力
无神论
罗马共和国
美国国会
民主
英格兰文学
现代主义
网络
自闭症
德里达
浪漫主义
批判理论

德国文学
戏剧
腐败
医事法
癌症
植物
法语文学
微观经济学
湖泊
拜占庭
司法心理学
发展
儿童心理学
时装
现代拉丁美洲文学
卢梭
隐私
电影音乐
抑郁症
传染病
希腊化时代
知识
环境伦理学
美国革命
电影
俄罗斯文学
古典文学
大数据
洛克
幸福
免疫系统
银行学
景观设计学
神圣罗马帝国
大流行病